EN EL OJO DE LA TORMENTA

MAX LUCADO

Una división de Thomas Nelson

Desde 1798

NASHVILLE DALLAS MÉXICO DF. RÍO DE JANEIRO BEIJING

Betania es un sello de Editorial Caribe, Inc.

Una división de Thomas Nelson, Inc.
Nashville, TN—Miami, FL, EE.UU.
www.caribebetania.com

Título en inglés: In the Eye of the Storm

Publicado por: W Publishing Group

Traductor: *Eugenio Orellana*

Tipografía de la edición castellana:
A&W Publishing Electronic Services, Inc.

ISBN: 0-88113-721-9
ISBN: 978-0-88113-721-7

7ª Impresión
Printed in U.S.A.

A Robert y Elsie Forcum

Dos embajadores con un amor por la iglesia
y una carga por el mundo

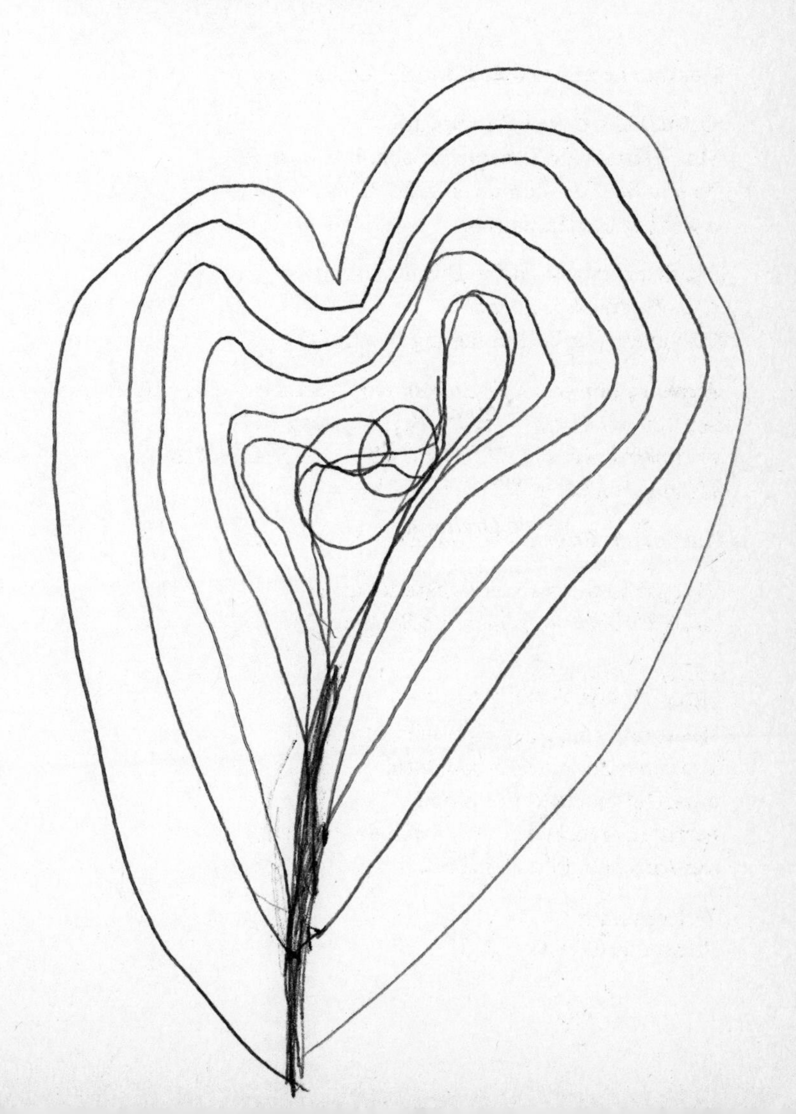

CONTENIDO

Reconocimientos

Mi reconocimiento a algunos amigos especiales que hicieron posible este libro.

Primero, a la gente de Editorial Word:

Kip Jordon, Byron Williamson, Ernie Owen, Joey Paul y Roland Lundu. Es un privilegio tenerlos en el equipo.

Dave Moberg, Tom Williams, Susan Russell, Ed Curtis y Michael Rutledge. Creatividad ilimitada.

Nancy Norris y Leslie Hughes. Sabemos quienes mantienen la oficina funcionando.

Stephen y Amanda Sorensson. Pueden eliminar mis «t» y poner punto a mis «i» todas las veces que sea necesario. Gracias por el gran trabajo editorial.

A mi iglesia en Oak Hills:

Mary Stain. Mi supersecretaria que corrige mis faltas, toma mis llamadas, me mantiene alerta y me salva el cuello día a día. Muchísimas gracias.

Elsie Clay, Marcelle Le Gallo y Kathleen McCleery. El equipo secretarial que ayuda a Mary para que Mary me ayude a mí. Gracias, de nuevo.

Glen Carter, Jim Toombs, John Tuller, Pat Hile, Jeff Pickens y Rod Chisholm. Seis colaboradores que hacen de mi trabajo un placer.

Karen Hill, Rod Chisholm y Allen Dutton, hijo. Gracias por hacer la lectura de pruebas del manuscrito.

Los miembros de la iglesia Oak Hills. Ustedes hacen de cada domingo una vuelta a casa.

Y a la familia Lucado:

Jenna, Andrea y Sara. Tres pequeñas jovencitas que han tomado como rehén mi corazón.

Y, sobre todo, a mi esposa Denalyn. Una década contigo me ha convencido de una cosa: hay un cielo y no tienes que morir para ir allá.

ANTES QUE EMPIECE...

Chippie, el perico, no se dio ni cuenta cuando sucedió. En un segundo, la paz de que disfrutaba encaramado dentro de su jaula se vio interrumpida cuando sintió que lo aspiraban, lo lavaban y lo secaban.

Los problemas comenzaron cuando la dueña de Chippie decidió limpiarle la jaula con una aspiradora. Quitó todas las piezas que parecían innecesarias del extremo de la manguera e introdujo esta en la jaula. En eso, sonó el teléfono y ella corrió a atenderlo. No había alcanzado a decir aló cuando ¡zuap! Chippie había sido aspirado.

La señora lanzó un grito, soltó el teléfono, corrió hasta la jaula, apagó la aspiradora y abrió la bolsa. Ahí estaba Chippie, todavía vivo, pero semiaturdido.

Como el pobre estaba cubierto de polvo y tizne, lo tomó y corrió al cuarto de baño, abrió la llave y lo puso debajo del chorro. Luego, viendo que estaba empapado y tiritando, hizo lo que cualquier dueño compasivo habría hecho: buscó la secadora de pelo, apuntó el tubo hacia el perico y la echó a andar. Con el chorro de aire caliente, por supuesto.

El pobre Chippie nunca supo qué lo había golpeado tan duro.

Unos días después del trauma, el reportero que inicialmente había escrito sobre el suceso, llamó a la dueña de Chippie para saber cómo iba la recuperación. «Bueno», le dijo ella. «Chippie ya no canta. Permanece sentado con la mirada fija en ninguna parte».

No es difícil entender su comportamiento. Que a uno lo aspiren, lo laven y lo sequen... es más que suficiente para quitarle las ganas de cantar a cualquiera.

¿Cree que puede identificarse de alguna manera con Chippie? La mayoría de nosotros podríamos. En un momento estamos sentados en territorio conocido con una canción en los labios, y entonces... sobreviene el caos. Llega la carta diciendo que no. Llama el doctor. Se reciben los papeles del divorcio. No pagan un cheque por falta de fondos. La policía toca a la puerta.

¡Suapt! Se siente tragado por una aspiradora que lo sumerge en un horrible hueco de dudas, empapado en el agua helada de la realidad, y aguijoneado por el aire caliente de promesas vacías.

La vida que hasta ese momento ha sido tranquila se vuelve tormentosa. Las demandas lo vapulean. Lo asaltan las dudas. Lo acosan las preguntas. Y en algún punto del trauma, usted pierde el gozo. En algún lugar de la tormenta, pierde las ganas de cantar.

¿Se ha encontrado alguna vez en medio de una tormenta de la vida? Si su respuesta es sí, si la historia de Chippie es su propia historia, me alegro que tenga este libro en sus manos. Lo escribí pensando en usted. Lo escribí porque hay un día en la vida de Cristo acerca del cual usted necesita saber más.

Aparte de la Crucifixión, este es el día más agotador en la vida de Jesús. Una rugiente secuencia de malas noticias, multitudes que lo presionan, amigos que dudan. Veinticuatro horas en las cuales enfrenta los mismos miedos turbulentos que usted y yo enfrentamos. Ondas de presiones repentinas. Vientos de ansiedad que soplan despiadadamente. Nubes de oscuridad que crecen en forma pavorosa.

Pero a través de todo eso, Jesús conserva la calma. Soporta el día sin perder el canto. Deseo ayudarle a que vea cómo lo hizo.

Primero, consideraremos lo que es Estrés a la orden del día. Jesús tuvo que vérselas con doce horas de caos. ¿Qué hizo para mantenerse tranquilo? ¿Qué sabía Él que lo fortaleció? Si sus días están presionados con plazos rígidos y frustraciones agobiantes, le va a agradar esta sección.

La segunda sección se titula Tormentas de duda. ¿Se ha encontrado alguna vez en medio de una tormenta preguntándose por qué el Señor no lo saca de allí? Los discípulos se hicieron esa pregunta. Mientras Jesús se dirigía a la montaña, ellos se iban al mar. Vino la tormenta, la barca empezó a bambolearse, y ellos se quedaron solos, con una larga noche de terror y una larga lista de preguntas. «Jesús sabe que estamos metidos en una tormenta. ¿Por qué, entonces, no viene?»

¿Le suena familiar?

La última sección de este libro tiene que ver con una tercera fuente de ansiedad: Punzadas de fracaso. En las horas del crepúsculo de esa noche, descubrimos una dulce historia de gracia: el intento de Pedro de caminar sobre las aguas. Lo que comenzó como un paso de fe terminó como un chapuzón de miedo. Si alguna vez se ha preguntado qué hace Dios cuando fracasamos, lea esta sección y deje que la mano que salvó a Pedro agarre la suya.

Las tormentas vienen. Y vienen rápido. Y traen ferocidad. Si usted ya está en medio de una, sabe de qué estoy hablando. Si no está viviendo una hoy, sabe como lo sé yo que para mañana se puede anunciar una.

Mi oración es que al final de su lectura, este libro lo deje mejor preparado. Mi oración es que encuentre alguna palabra, alguna historia, algún versículo o algún pensamiento que lo convenza de que Él está muy cerca. Oro que mientras lee recuerde que la voz que calmó la furia en el Mar de Galilea todavía puede calmar la tormenta en su mundo.

Dispóngase a leer, amigo mío, y tenga la seguridad de que Él está más cerca de lo que jamás soñó.

ESTRÉS A LA ORDEN DEL DÍA

1

DE LA CALMA AL CAOS

QUIZÁS A USTED LE RESULTE FAMILIAR la mañana que acabo de vivir.

Es domingo. Para mí, el domingo siempre es un día muy ocupado. Hoy parece no ser la excepción.

Con una agenda hasta el tope, me levanté temprano y me fui para para la iglesia. A esa hora, seis de la mañana, había poco tráfico. Tenía la carretera a mi disposición. El color anaranjado del amanecer empezaba a poner fin a la oscuridad de la noche. El crepúsculo irrumpía incontenible. El aire frío soplaba suavemente.

Estacioné al lado afuera de mi oficina y me tomé un minuto para disfrutar la quietud. Bajé mis libros y la taza de café que había venido tomando mientras conducía y apoyé las espaldas en el auto.

Me daba la impresión que así como las estrellas salpicaban el cielo, me salpicaban también a mí. En la ciudad, las luces parpadeaban. Los árboles parecían aun dormir. La noche estaba en calma: ni un ruido, nadie apurado, nadie exigiendo nada. Dentro de unas horas, todo eso cambiaría. Unos cuantos miles de alarmas saltarían de sus relojes, otros miles de puertas de garages se abrirían y la serenidad sufriría la invasión del despertar suburbano. Por ahora, el suburbio seguía durmiendo.

A veces, la vida también es así. Hay momentos que son tan cristalinos como un lago en medio de una noche sin viento. Ni un ruido. Ni un apuro. Ni una preocupación. Hay momentos en nuestra música cuando el director silencia los timbales y solo la flauta sigue tocando.

Y ella canta. Bajo el embrujo de su canto, los plazos no son tan angustiosos. Las zozobras se antojan lejanas. Los seres queridos siguen siendo queridos y cercanos. Las nubes de temor y de deudas y de iracundas llamadas telefónicas han pasado. Y, por un instante, su mundo brilla con la luz de la luna.

El mío lo estaba. Me senté sobre la tapa del motor del auto, bebí un sorbo de mi café y brindé por las estrellas. Ellas me respondieron con sus guiños.

Todo estaba en calma. Pero la calma sabe cómo transformarse en caos.

Con mi maletín en una mano y la taza de café en la otra, me dirigí silbando a través del estacionamiento hacia la puerta de mi oficina. Tenía que tranquilizar al perro dormido del siglo veinte: el sistema de alarma. Dejé mi maletín en el suelo, metí la llave en la cerradura y abrí la puerta. Tomé de nuevo el maletín y entré.

La luz roja en la caja de la alarma brillaba intermitentemente.

No soy experto en asuntos de electricidad, pero sé lo que significa una luz roja en el sistema de alarma: «Entra la clave, viejo, si no, prepárate para la música».

Entré la clave. No pasó nada. La entré de nuevo. La luz roja seguía parpadeando. Lo hice por tercera vez. Los segundos pasaban veloces. La lucecita roja parecía reírse de mí. Podía oír el mensaje que corría por los alambres en busca de los duendecillos de la alarma con sus ojos de neón. «¡Pero qué tipo más bruto! ¡Volvió a entrar la clave de su tarjeta del banco!»

Yo seguía marcando, el reloj seguía con su tic-tac, la luz roja seguía pestañeando y los duendes se ponían cada vez más nerviosos.«¡Apúrate! Te quedan diez segundos ... nueve, ocho, siete ... »

«¡Oh, no!» grité. «¡Se va a disparar!»

La sirena se lanzó sobre mí como un león en la selva. Creí que estábamos bajo un ataque nuclear. Luces de emergencia inundaron los pasillos y la luz roja pestañeante se apagó. Yo, mientras tanto, seguía apretando botones y la alarma seguía sonando. Cualquiera hubiera pensado que se trataba de un escape en Alcatraz.

Mis pulsaciones aumentaban peligrosamente. La frente se me llenó de gotitas de sudor. Mi situación era desesperada. Corrí por el pasillo hasta mi oficina, busqué el número de la compañía de alarma y marqué.

Casi no podía oír cuando alguien me contestó. Cuando pude entender lo que me decían, no podía creerlo.

—¿Cómo que cuál es mi problema? —le grité—. ¿Acaso no está oyendo?

—¡Sí, marqué la clave, pero no funcionó!

Los siguientes veinte minutos fueron ruidosos, apremiantes, confusos e irritantes. Estaba hablando a los técnicos, no podía ver el equipo, no entendía nada, trataba de entender palabras que no podía oír.

En eso llegó un policía. Se asomó por la ventana. La abrí.

—¡No puedo controlar esta cosa! —le dije, con voz de lamento.

—Usted es el pastor, ¿verdad? —dijo.

—¡Sí! —grité.

Movió la cabeza y se fue caminando por el pasillo, probablemente musitando algo que de seguro no enseñan en los cursos de teología.

Finalmente, sin ninguna razón aparente, la sirena dejó de sonar. Las luces se apagaron. Lo que había parecido un refugio contra ataques aéreos había vuelto a ser una oficina. Me dirigí a mi escritorio, me senté y suspiré. *Qué manera de comenzar el día*. La lección que había preparado para esa mañana ahí estaba, esperando por mí. La tomé y leí la primera línea: «Cuando la calma se transforma en caos».

—Muy apropiado —dije.

¿No le ha pasado a usted? ¿Cuándo fue la última vez que su vida pasó de calma a caos en menos de un minuto? («¿Cuántos ejemplos quiere?», me pregunta.) ¿Cuándo fue la última vez que se encontró apretando botones que no respondían, luchando con instrucciones que no podía oír u operando un sistema que no entendía?

Golpea una tecla equivocada en la computadora y en cuestión de un segundo pierde el trabajo de dieciocho valiosos meses. La calma explota y se transforma en caos.

Un mensaje en su máquina contestadora de llamadas le dice que el informe que tenía que presentar la semana que viene tendrá que darlo mañana. Adiós sueño. Bienvenida amiga trasnochada. Hasta luego calma. Hola caos.

El mecánico que le había prometido que el auto estaría listo hoy a tiempo para partir de viaje, le dice: «Sé que se lo prometí para hoy, pero el daño era peor que lo que me imaginaba. El eje no ajusta bien, lo que hace que las uniones traben la ignición electrónica que se ensambla a mano en la Baja Tasmania por lo que ... »

«Grrrr».

Si alguna vez su esposa lo ha llamado a la oficina para decirle: «Papi, acaba de llegar una carta de la Oficina de Rentas Internas y dicen que nos van a hacer una auditoría ... »

Si su jefe ha comenzado alguna vez una conversación con estas palabras: «Usted es un buen empleado, pero con todo este asunto de la recesión nos vamos a ver obligados a ... »

Si su hija adolescente se acerca a usted y le pregunta: «¿Cubre nuestro seguro el automóvil de otra persona?»

Entonces tiene que saber que la vida puede ir de calma a caos en cuestión de segundos. Sin advertencia. Sin aviso. Sin preparación.

La lucecita roja empieza a parpadear y usted comienza a apretar botones. A veces logra silenciar la alarma; a veces esta rasga el aire como un demonio. El resultado puede ser paz o pánico. El resultado puede ser calma o caos.

Todo depende de un factor: conocer la clave.

Para mí, esta mañana se transformó en caos. Si hubiese estado preparado ... si hubiese conocido la clave

... si hubiese sabido qué hacer cuando la luz de advertencia se encendió ... habría triunfado la calma.

Las siguientes páginas lo guiarán a un día en la vida de Jesús cuando la calma pudo haberse transformado en caos. Tiene todos los elementos de la ansiedad: malas noticias y una amenaza de muerte, seguido por un enjambre de demandas, interrupciones, discípulos ineptos y una irreprimible tentación de seguir a la multitud. En veinticuatro horas de intensa presión, Jesús fue desde la cumbre de la celebración hasta el valle de la frustración.

Fue el segundo día más estresante de su vida. Tan pronto se desarmaba una alarma, la otra empezaba a parpadear. Los gobernantes amenazaban. Las multitudes presionaban. Los seguidores dudaban. El pueblo exigía. Cuando usted ve lo que tuvo que soportar aquel día, se pregunta cómo pudo mantener la calma.

De alguna manera, sin embargo, lo hizo. Aunque la gente presionaba y los problemas arreciaban, Jesús no cedió ni huyó. Hizo exactamente lo contrario. Sirvió a la gente, agradeció a Dios y tomó decisiones tranquilo.

Quiero ayudarle a ver cómo lo hizo. Me gustaría compartir con usted unos pocos «códigos internos» que quizás necesite con desesperación. Equípese con estos códigos internos, actívelos cuando las luces rojas de su vida empiecen a parpadear y se sorprenderá de la rapidez con que las alarmas se desactivan.

Unas cuantas palabras de explicación:

Si está pensando en ajustes externos, no los va a encontrar allí. No tiene nada que ver con vestirse para el éxito, o lenguaje poderoso o esquemas de popularidad. Usted puede comprar muchos libros que le ayudarán externamente, pero este no es uno de ellos.

Lo que va a descubrir en este libro son actitudes ... actitudes piadosas ... una forma de ver a los demás y a las personas como modeladas por el Maestro.

Si quiere cambios externos, busque en otra parte. Si quiere desarrollo interno, entonces siga leyendo. Si quiere ver cómo Dios manejó —y maneja— los conflictos, entonces tengo unos cuantos buenos pensamientos para compartirlos con usted.

Hagamos algo. Integremos los principios modelados por Jesús en nuestro torbellino de todos los días de demandas y decisiones. Tomémonos unos minutos para observar a Dios bajo presión. Miremos su rostro. Escuchemos sus palabras. Estudiemos sus decisiones. Y veamos lo que podemos aprender. Veamos a Cristo en un ambiente de olla de presión y tratemos de responder a esta pregunta:

¿Qué sabía Jesús que le permitió hacer lo que hizo?

Siempre buscamos excusas en todo o culpamos a los demas de nuestras tragedias, si reconocer que nostros fuimos los Autores de algunas cosas que nos perjudican, hay muchas ocaciones que tenemos nuestros dias muy sobre cargados pensando que podremos solos, pero en la verdad no lo haremos, nos falta buscar la paz. Queremos llenar el tiempo con trabajos extras y no buscamos de Dios para que llene ese tiempo que para el es muy valioso, El Sabia que eramo muy dificiles y que la unica forma de que entendieramos lo que valiamos para El Era que viniera a este mundo

2

Muchas veces tratamos de justificar nuestras actitudes sobre como manejamos nuestras vidas, pero eso nos lleva a ser auto suficientes tratando que Dios no tome el control y eso no es bueno, debemos orar pedirle a El que nos llene de su presencia para entender que el sabría que un dia diremos.

¿Tu no sabes lo que estoy pasando? Y el ya puede decir no si lo se, yo ya estube en la tierra, se que todo es parte de un desorden. Yo conosco todo de ti, y sabría que ivas a preguntar o a decir esto. Que no sabría -

DIOS BAJO PRESIÓN

Dejar todo es algo que nos cuesta. si estamos bien, en comodidad. nos es muy dificil de apartar de nosotros esta parte de ser comodos. pero imaginar, Que Jesus tenia todo una casa enorme bella, con ciervos, y todo en sus manos un Padre amoroso, Que lo amaba y tambien un grupo de angeles a su servicio. era alo bello. descabo Pero El decide bajar dejar todo por ser como nosotros y solo por obediencia y amor. habras Cansancios Criticas, Envidias, dolores, sufrimientos pobreza y cuantas cosas más, y el puede decir si yo lo se tambien, lo sufri. Yo pero venci en la oracion. en el ayuno, en la obediencia y con el amor.

UN DÍA EN LA VIDA de Cristo.

Llámelo un tapiz de confusión, un cuadro bullicioso en el que el dorado hilo del triunfo se hace un nudo con las negras y deshilachadas cuerdas de la tragedia.

Llámelo una sinfonía de emociones; una orquestación de extremos de la mañana a la noche. Un trazo es de un cobrizo exuberante; el próximo gime con pena. En una página, la orquesta crece en adoración. En la siguiente, Jesús entona la balada de la soledad.

Comoquiera que lo llame, llámelo real. Llámelo un día en el que Jesús experimenta más tensión que en cualquier otro día de su vida, aparte del de su crucifixión. Antes que la mañana se transforme en noche, Él tiene razón para llorar, correr, gritar, maldecir, alabar, dudar.

De la calma al caos. De la paz a la perplejidad. En cuestión de un momento, su mundo se pone de cabeza.

En el tapiz, sin embargo, hay un hilo que destella. En la sinfonía, hay una canción que sobresale. En la historia, hay una lección que conforta. Usted la ha oído antes, pero quizás la ha olvidado. Observe con cuidado. Escúchela con atención. Recuerde:

Jesús sabe cómo usted se siente.

Si alguna vez ha tenido un día en el que se ha sentido bombardeado por demandas, si alguna vez se ha montado en la montaña rusa de la tristeza y la celebración, si alguna vez se ha preguntado si Dios en el cielo puede conectarse con usted en la tierra, entonces lea y relea sobre este día repleto de presión en la vida de Cristo.

Anímese. Jesús sabe cómo usted se siente.

Comienza el día con la noticia de la muerte de Juan el Bautista: su primo, su precursor, su colaborador, su amigo.[1] El hombre que estuvo más cerca de Jesús que cualquier otro para entenderlo está muerto.

Imagínese perdiendo a la persona que conoce mejor que a nadie y sentirá lo que Jesús está sintiendo. Piense en el horror de que le digan que han asesinado a su amigo más querido, y va a compartir la pena de Jesús. Piense en cómo reaccionaría si le dijeran que su mejor amigo ha sido decapitado por un complaciente e incestuoso monarca, y verá cómo comienza el día para Cristo. Su mundo está empezando a ponerse de cabeza.

Los emisarios trajeron más que noticias tristes, sin embargo; trajeron una advertencia: «El mismo Herodes que le cortó la cabeza a Juan está interesado en la tuya». Escuche cómo presenta Lucas la demencia del monarca: «Y dijo Herodes: A Juan yo le hice decapitar; ¿quién, pues, es éste, de quien oigo tales cosas? *Y procuraba verle*»[2] (énfasis mío). Algo me dice que Herodes pensaba en algo más que una visita social.

Así, con la vida de Juan segada y su propia vida amenazada, Jesús decide apartarse por un poco de tiempo. «Cuando Jesús recibió la noticia, se retiró él solo en una barca a un lugar solitario» (NVI).[3]

Pero antes que pudiera irse, llegaron sus discípulos. El Evangelio de Marcos dice que «los apóstoles se reunieron con Jesús y le contaron lo que habían hecho y enseñado».[4]

Venían felices. Jesús los había comisionado para que proclamaran el evangelio y lo autenticaran con milagros. «Y saliendo, predicaban que los hombres se arrepintiesen. Y echaban fuera muchos demonios, y ungían con aceite a muchos enfermos, y los sanaban».[5]

¿Puede imaginar su alegría? ¿Puede imaginarse la escena? Una reunión de doce amigos. Un encuentro de los discípulos con su Maestro. Un regreso a casa con una multitud de testimonios:

- Pedro describiendo al cojo que había sanado.
- Juan hablando de una muchedumbre a la que enseñó.
- Andrés relatando cómo había sido liberado un epiléptico.
- Santiago diciéndole a Jesús cómo la gente lo seguía a donde él fuera.
- Mateo informando de la sanidad de una mujer ciega.

Recuerde. Estos discípulos eran gente común y corriente. No eran oradores, eruditos, reyes ni santos. Eran pescadores, cobradores de impuestos, obreros que, por el poder de Dios, habían decidido tomar por asalto a una nación. ¿La emoción? Exuberancia. En cuestión de unos momentos, el corazón de Jesús va desde el paso de un lamento fúnebre a la marcha triunfal de una parada con confeti.

Y fíjese quiénes siguen a los discípulos para localizar a Jesús. ¡Unos cinco mil hombres, además de las mujeres y los niños![6] Ríos de gente bajando de los cerros y las aldeas. Algunos estudiosos estiman que la multitud era de más de veinticinco mil personas.[7] Formaban un enjambre alrededor de Jesús, todos con el mismo deseo: conocer al hombre que había dado tanto poder a los discípulos.

Lo que había sido una mañana tranquila ahora bullía en actividad. «Porque eran muchos los que iban y venían, de manera que ni aun tenían tiempo para comer».[8]

Yo he tenido gente demandando mi atención. Sé lo que es tener a una media docena de chicos queriendo diferentes cosas al mismo tiempo. Sé lo que se siente al recibir una llamada telefónica con otras dos personas esperando impacientes en otras líneas. Y aún sé lo que es estar rodeado por una docena de personas, cada una de las cuales pide algo diferente.

¿Pero veinticinco mil? Eso es más que la cantidad de habitantes que tienen muchas ciudades. ¿Que los discípulos no pudieran comer? ¡Me sorprende que pudieran respirar!

La mañana había sido un camino en la selva de lo inesperado. Primero, Jesús se aflige ante la muerte de un querido amigo y pariente. Luego, su vida es amenazada. Luego, celebra el retorno triunfante de sus seguidores. Luego, está a punto de ser sofocado por una multitud. Aflicción ... peligro ... júbilo ... gritería.

¿Está empezando a ver por qué llamo a este el segundo día más tenso en la vida de Cristo? Y estamos lejos del final.

Jesús decide llevar a los discípulos a un lugar tranquilo donde puedan descansar y reflexionar. Da una orden por sobre la gritería de la multitud. «Vengan conmigo a un lugar tranquilo para que puedan descansar un poco».[9] Los trece inician la marcha hacia el mar y saltan dentro de un bote.

Y, por unos momentos preciosos, el mundo está tranquilo otra vez. El estrépito de la multitud se oye distante y el único ruido es el del agua contra el casco. El corazón de Jesús está agobiado por la tristeza y alentado por el gozo. Observa a sus seguidores intercambiando relatos de victoria. Luego levanta la vista y ve en el horizonte la ciudad de Tiberias, construida por el asesino de Juan el Bautista, Herodes. El gozo de repente se transforma en indignación haciendo que sus puños se cierren y sus ojos se humedezcan.

¿Quién podría criticar su deseo de alejarse de la gente? Sencillamente necesita estar unas horas solo. Aunque sea un respiro. Sólo un retiro. Tiempo para orar. Tiempo para evaluar. Tiempo para llorar. Un tiempo sin multitudes ni exigencias. Una fogata disfrutada con amigos. Un atardecer con los seres amados. *La gente puede esperar hasta mañana.*

La gente, sin embargo, tenía otras ideas. «La gente supo y lo siguió».[10] Es una caminata de seis millas por la esquina noreste del Mar de Galilea, así que la multitud echa a andar. Cuando Jesús llega a Betania, su deseo de un retiro se ha convertido en un estadio rugiente.

«¡Sorpresa!»

Agregue a la lista de tristeza, peligro, excitación y ruido, la palabra *interrupción.* Los planes de Jesús son interrumpidos. Lo que él tiene en mente para ese día y lo que la gente tiene en mente para ese día son agendas diferentes. Lo que Jesús busca y lo que Jesús obtiene no es lo mismo.

¿Le suena familiar?

¿Recuerda cuando quería dormir y al bebé le dio cólicos? ¿Recuerda cuando tenía en mente ponerse al día en la oficina y se atrasó todavía más? ¿Recuerda cuando trató de aprovechar el sábado para divertirse pero terminó arreglando el fregadero en la cocina de su vecino?

Relájese, amigo. También le ocurrió a Jesús.

De hecho, este podría ser un buen momento para hacer una pausa y digerir el mensaje central de este capítulo.

Jesús sabe cómo usted se siente.

Piense en esto y úselo la próxima vez que su mundo pase de la calma al caos.

Su pulso está acelerado. Sus ojos se ven cansados. Su corazón se pone pesado. Ha tenido que saltar de la cama con la garganta adolorida. Lo mantuvieron despierto hasta tarde y se tuvo que levantar temprano. Él sabe cómo usted se siente.

Es posible que le cueste creer esto. Probablemente piense que Jesús sabe lo que significa soportar grandes tragedias. Sin duda está convencido que Jesús está familiarizado con la tristeza y ha luchado con el temor. Mucha gente acepta eso. ¿Pero puede Dios estar al tanto de las luchas y dolores de mi vida? ¿O de la suya?

Por alguna razón, esto es difícil de creer.

Quizás esa sea la razón para que porciones de este día estén registradas en todos los Evangelios. Ninguna otra cosa, aparte de la crucifixión, la cuentan los escritores de los cuatro Evangelios. Ni el bautismo de Jesús. Ni su tentación. Ni siquiera su nacimiento. Pero los cuatro escriben sobre este día. Es como si Mateo, Marcos, Lucas y Juan supieran que usted se preguntaría si Dios entiende. Y proclaman su respuesta en una armonía de cuatro partes:

Jesús sabe como usted se siente.

Hace poco, un amigo mío estaba tratando de enseñar a su hijo de seis años cómo lanzar una pelota de básquetbol. El niño lanzaba la pelota con todas sus fuerzas, pero siempre se quedaba corto. El padre tomaba la pelota y la lanzaba diciéndole algo así como: «Sólo hazlo así, hijo. Es fácil».

El niño lo intentaba de nuevo, y volvía a fallar. Mi amigo tomaba la bola y hacía otra canasta, alentando a su hijo a lanzar la pelota un poco más fuerte.

Después de varios minutos y muchos tiros perdidos, el niño respondió al aliento de su padre, diciéndole: «Claro, es fácil para ti desde allá arriba, pero no sabes cuán difícil es desde aquí abajo».

Ni usted ni yo jamás podríamos decir eso de Dios. De los muchos mensajes que Jesús nos enseñó aquel día sobre las tensiones, el primero es este: «Dios sabe cómo usted se siente».

Lea cómo traduce J. B. Phillips Hebreos 4.15:

> Porque no tenemos un Sumo Sacerdote super humano para quien nuestras debilidades sean incomprensibles,

> sino que él mismo ha compartido plenamente en toda nuestra experiencia de tentación, solo que él nunca pecó.

El autor de Hebreos es inflexible hasta casi el punto de redundar. Es como si se anticipara a nuestras objeciones. Es como si supiera que le vamos a decir a Dios lo que un amigo de mi hijo le dijo: «Dios, es fácil para ti desde allí arriba. Pero no sabes lo duro que es aquí abajo». Por eso proclama con tanta energía la capacidad de Jesús de entender. Miremos el versículo de nuevo.

Él mismo. No un ángel. No un embajador. No un emisario, sino Jesús mismo.

Compartido plenamente. No parcialmente. No un poco. No en algún grado. ¡Enteramente! Jesús compartió plenamente.

En toda nuestra experiencia. Cada sufrimiento. Cada dolor. Todas las tensiones en todas las formas. Sin excepciones. Nada de sustitutos. ¿Por qué? Así podría simpatizar con nuestras debilidades.

Un político se pone un casco y entra a la fábrica como si fuera un trabajador. Un trabajador social se mete a un barrio bajo de la ciudad y pasa la noche en las calles con los desamparados. Un general entra en el desordenado comedor y se sienta con los soldados como si fuera un recluta más.

Los tres quieren comunicar el mismo mensaje: «Me identifico con ustedes. Puedo entender. Puedo ser como uno de ustedes». Hay, sin embargo, un problema. Los empleados de la fábrica saben que el político tirará el casco lejos cuando los canales de televisión se hayan ido. Los desamparados saben que el trabajador social dormirá mañana en una cama caliente. Y los soldados están muy conscientes que por cada comida que el general se sirve en el comedor de los soldados, tendrá docenas en el cuartel de oficiales.

Con todo lo bien intencionados que pudieran ser estos profesionales, realmente no entienden. Su participación es parcial. La participación de Jesús, sin embargo, fue completa. El escritor de la carta a los Hebreos afirma con doble claridad que Jesús «compartió *completamente* en *toda* nuestra experiencia» (énfasis mío).

En cierta ocasión, el dueño de una librería en el noroeste me contó de una dama que entró furiosa en su librería llevando mi libro *God Came Near* [Dios estuvo cerca]. Lo tiró sobre el mostrador, dijo un par de cosas poco agradables de él y luego habló lo suficientemente fuerte como para que la oyeran en todo el barrio: «¡Mi Dios no tenía granos!»

Recuerdo el párrafo que encendió la chispa. Dice así:

> Jesús pudo haber tenido granos. Pudo haber sido medio sordo. Quizás una niña yendo por la calle haya tropezado con él; o él con ella. A lo mejor tenía sus rodillas huesudas. Pero de una cosa no hay duda: Él era, a la vez que completamente divino, completamente humano.[11]

Puedo entender por qué la señora se molestó. Y puedo compartir su desilusión. Nos apresuramos a limpiar una mancha en el vaso. Quitamos cualquiera pizca de tizne del altar. Hay algo *seguro* con un Dios que nunca tuvo callosidades. Hay algo *impresionante* en un Dios que jamás sintió dolor. Hay algo *majestuoso* en un Dios que nunca frunció el ceño.

Pero también hay algo *frío* en un Dios que no se puede relacionar con lo que usted y yo sentimos.

Si hubiera tenido la oportunidad de hablar con aquella dama, le hubiera dicho: «Quizás Jesús no haya tenido granos en la cara, pero ¿acaso no le hubiese gustado que los hubiera tenido?»

Cada página de los Evangelios insiste en este principio fundamental: Dios sabe cómo usted se siente. Desde el funeral hasta la fábrica hasta la frustración de una agenda sobrecargada. Jesús entiende. Cuando le dice a Dios que ha llegado al límite, Él sabe lo que quiere decirle. Cuando mueve la cabeza frente a plazos imposibles de cumplir, él también mueve la suya. Cuando la gente que tiene otros planes interrumpe los suyos, él se inclina con simpatía. Él ya ha estado ahí. Él sabe cómo usted se siente.[12]

Antes que resumamos esta crónica sobre un día tan agobiante en la vida de Jesús, permítame llevarle a otro día; uno más reciente, en un lugar cerca de casa.

---

15 de febrero de 1921. Ciudad de Nueva York. Sala de cirugía del Hospital Kane Summit. Un cirujano está llevando a cabo una operación de apendicitis.

En diversas maneras, los hechos que llevan a la operación son normales. El paciente se ha quejado de fuertes dolores abdominales. El diagnóstico es claro: un apéndice inflamado. El Dr. Evan O'Neill Kane está realizando la operación. En su distinguida carrera médica de treinta y siete años, ha realizado casi cuatro mil operaciones de apendicitis, de modo que esta tendría que ser absolutamente rutinaria. Y lo es, excepto por dos razones.

¿La primera novedad en esta operación? El uso de anestesia local en una cirugía mayor. El Dr. Kane ve demasiados peligros en la anestesia general. Afirma que una aplicación local es más segura. En principio, varios de sus colegas están de acuerdo con él, pero para empezar a aplicarla tienen que ver primero la teoría aplicada.

El Dr. Kane busca un voluntario, un paciente que esté dispuesto a someterse a cirugía con anestesia local. No es fácil encontrar un voluntario. Muchos se resisten a la idea de estar despiertos durante su operación. Otros tienen miedo que el efecto de la anestesia pase mientras aun la operación se está realizando.

Finalmente, el Dr. Kane encuentra un voluntario. Así, la mañana del martes 15 de febrero, todo está listo para la histórica operación.

Preparan al paciente y lo llevan en una camilla a la sala de operaciones. Se le aplica anestesia local. Como lo ha hecho miles de veces, el Dr. Kane rasga el tejido superficial y localiza el apéndice. La realiza con destreza y la concluye con éxito. El paciente dice tener sólo pequeños malestares.

Lo llevan a la sección de post operados y luego lo llevan a una habitación en el hospital. Se recupera rápidamente y dos días después le dan de alta.

El Dr. Kane ha probado su teoría. Gracias a la buena disposición de un valiente voluntario, demostró que la anestesia local era una alternativa viable y aun preferible.

Pero dije más arriba que había habido dos factores que habían hecho de esta operación algo singular. Me he referido al primero: el uso de anestesia local. El segundo es el paciente. El valiente candidato para la cirugía del Dr. Kane fue el Dr. Kane.

Para probar su punto, el Dr. Kane se operó a sí mismo.[13]

Una movida astuta. El doctor se transformó en paciente para convencer a los pacientes a que confiaran en el doctor.

He contado esta historia a varios profesionales médicos. Y todos han tenido la misma reacción: cejas levantadas, sonrisa burlona y cinco palabras de duda: «Eso es difícil de creer».

Quizás lo sea. Pero la historia del doctor que fue su propio paciente es leve comparada con la historia de Dios quien se hizo humano. Pero Jesús lo hizo. De modo que tanto usted como yo podemos creer que el Sanador conoce nuestros dolores porque voluntariamente se hizo como uno de nosotros. Se colocó en nuestra posición. Sufrió nuestros dolores y sintió nuestros miedos.

¿Rechazo? Lo sintió. ¿Tentación? La tuvo. ¿Soledad? La vivió. ¿Muerte? La probó.

¿Y cansancio? Él podría escribir un éxito de librería sobre el tema.

¿Por qué lo hizo? Una razón. Para que cuando usted sufra, vaya a Él —su Padre y su Médico— y deje que lo sane.

3

AMOR DE MADRE— EMPATÍA DE AMIGO

TERESA BRIONES ES UNA MADRE tierna y amorosa. También tiene un tremendo gancho de izquierda con el que golpeó a una mujer en una lavandería. ¿Por qué lo hizo?

Algunos niños se estaban riendo de Alicia, la hija de Teresa.

Alicia es calva. Sus rodillas están afectadas por la artritis. Su nariz es chata. Sus caderas rechinan. Escucha muy mal. Tiene la estamina de una persona de setenta años. Y sólo tiene diez.

«Mamá», se mofaban los niños, «¡ven a ver un monstruo!»

Alicia pesa sólo veintidós libras y es más pequeña que la mayoría de los preescolares. Sufre de progeria, una enfermedad genética que provoca el envejecimiento prematuro y que ataca a un niño en ocho millones. La expectativa de vida de estas personas es de veinte años. Hay sólo quince casos conocidos de esta enfermedad en el mundo.

«Ella no es un extraterrestre ni tampoco es un monstruo», dijo Teresa en defensa de su hija. «Ella es como ustedes y como yo».

Mentalmente, Alicia es una criatura amorosa y simpática que cursa el tercer grado. Tiene una larga lista de amigos. Mira la televisión en una silla mecedora para niñitos. Juega con muñecas y molesta a su hermano menor.

Teresa ya está acostumbrada a las miradas extrañas y a las preguntas. Ha aprendido a ser paciente con la curiosidad permanente de los demás. Acepta las preguntas sinceras. Rechaza las burlas insensibles.

La madre de los niños que se mofaban de Alicia vino a ver qué pasaba. «¿Y qué es esta cosa?», preguntó.

«Mi hija no es una cosa», le dijo Teresa, enfrentando a la mujer.

¿Quién podría culparla? Así es el amor de los padres. Las mamás y los papás tienen una habilidad dada por Dios para amar a sus hijos por encima de cualquiera imperfección. No es que no las vean. Es justo lo opuesto. Las ven vívidamente.

Teresa ve la incapacidad de Alicia tan claramente como cualquiera otra persona. Pero también ve los valores de su hija.

Así es Dios.

Dios nos ve con los ojos de un Padre. Ve nuestros defectos, nuestros errores y nuestras imperfecciones. Pero también ve nuestros valores.

Dos capítulos atrás, terminé con esta pregunta: ¿Qué sabía Jesús que lo hizo hacer lo que hizo?

Aquí tenemos parte de la respuesta. Él conocía el valor de las personas. Él sabía que cada ser humano es un tesoro. Por eso, las personas no son una fuente de estrés, sino una fuente de gozo.

Cuando Jesús se baja del bote en la ribera de Betsaida, se aleja del Mar de Galilea y entra en un mar de humanidad. Recuerde esto: Él ha cruzado el mar para *alejarse* de las multitudes. Necesita dar rienda suelta a su dolor. Desea descansar un poco de sus seguidores. Necesita cualquier cosa menos otra multitud para enseñar y sanar.

Pero su amor por la gente supera su necesidad de descansar.

> Y saliendo Jesús, vio una gran multitud, y tuvo compasión de ellos, y sanó a los que de ellos estaban enfermos.[1]

> Y tuvo compasión de ellos, porque eran como ovejas que no tenían pastor.[2]

> Y él les recibió, y les hablaba del reino de Dios, y sanaba a los que necesitaban ser curados.[3]

Es muy dudoso que alguien de la multitud piense preguntar a Jesús cómo se siente. Nada parece indicar que alguien esté interesado en saberlo. Ninguno de los que ha llegado ha venido a dar; todos han venido a recibir.

En casa, llamamos a las cinco de la tarde la hora de la piraña. Es la hora cuando todo el mundo quiere un pedazo de mamá. Sara, la bebé, tiene hambre. Andrea quiere que le lea un libro. Jenna quiere que le ayude con su tarea. Y yo, el marido supersensible y eternamente amoroso, quiero que Denalyn lo deje todo y se siente a hablar conmigo sobre lo que me ha pasado en el día.

¿Cuándo es su hora de la piraña? ¿Cuándo es que la gente de su mundo exige mucho y ofrece poco?

Cada jefe ha tenido su día en el que las peticiones superan en número los resultados. No hay un hombre de negocios vivo que no se haya quejado cuando una flota de tareas atraca en su escritorio. Para una maestra, la hora piraña empieza cuando el primer alumno entra y termina cuando el último sale.

Horas piraña: los padres las tienen, los jefes las soportan, las secretarias les temen, los profesores están sitiados por ellas y Jesús nos enseñó cómo sobrevivirlas exitosamente.

Cuando las manos se extendían y las voces exigían, Jesús les respondía con amor. Lo hacía así porque el código dentro de él desactivaba la alarma. Vale la pena hacer notar el código: «La gente es preciosa».

Puedo oír a alguien planteando una objeción. «Sí, pero para Jesús era fácil. Él era Dios. Él podía hacer más de lo que yo puedo hacer. Después de todo, era divino».

Cierto. Jesús era tanto Dios como hombre. Pero no se apresure demasiado en desechar lo que Él hizo. Piense en su reacción amorosa mirándola desde otro ángulo.

Piense que, junto con su fuerza santa, Él también tenía un conocimiento santo. Aquel día en la montaña no había secretos; Jesús conocía el corazón de cada persona. Sabía por qué estaban allí y qué harían.[4]

Mateo escribe que Jesús «sanó a los que de ellos estaban enfermos».[5] No a algunos de los que entre ellos estaban enfermos. No a los *justos* de entre los enfermos. No a los que *lo merecían* de entre los enfermos. Sino a *«los enfermos»*.

Sin duda que entre los miles había unos pocos que no merecían una buena salud.

La misma divinidad que dio a Jesús el poder para sanar también le dio el poder para percibir. Me pregunto si Jesús se habrá sentido tentado a decirle al violador: «¿Sanarte a ti? ¿Después de lo que has hecho?» O al que abusa sexualmente de los niños: «¿Por qué habría de restablecer tu salud?» O al fanático intolerante: «¡Sal de aquí, y llévate tu arrogancia contigo!»

Y él podía ver no sólo su pasado, sino también el futuro.

Sin duda alguna, había algunos entre la multitud que usarían su recién hallada salud para lastimar a otros. Jesús soltó lenguas que algún día maldecirían. Dio vista a ojos que serían atraídos por la lujuria. Sanó manos que quizás matarían.

Muchos de los que sanó nunca dirían «muchas gracias», pero los sanó de todos modos. A muchos les preocupaba más recibir sanidad que ser santos, pero los sanó de todos modos. Muchos de los que hoy le pedían pan, estarían pidiendo su muerte dentro de unos cuantos meses, pero los sanó de todos modos.

Jesús decidió hacer lo que usted y yo, difícilmente haríamos. Decidió dar dones a su pueblo, sabiendo muy bien que aquellos dones podrían usarse para el mal.

No se apresure demasiado en atribuir la compasión de Jesús a su divinidad. Recuerde los dos lados. Porque cada vez que Jesús sanaba, tenía que pasar por alto el futuro y el pasado.

Algo, dicho sea de paso, que todavía hace hoy.

¿Ha notado que Dios no le pide que pruebe que va a usar bien el dinero de su salario? ¿Se había dado cuenta que Dios no le cierra el paso del oxígeno cuando usted hace mal uso de lo que Él le da? ¿No se alegra de que Dios no sólo le dé lo que usted se acuerda de agradecer? (¿Ha dejado pasar algún tiempo desde la última vez que le dio gracias a Dios por su bazo? Yo también. Pero todavía tengo uno.)

La naturaleza de Dios estimula su bondad, no lo que nosotros valemos.

Alguien le preguntó a uno de mis asociados: «¿Qué precedente bíblico tenemos para ayudar a los pobres que no quieren aceptar a Cristo?»

Mi amigo respondió con una sola palabra: «Dios».

Dios lo hace diariamente y para millones de personas.

¿Qué sabía Jesús que le hizo hacer lo que hizo? ¿Qué código interno conservó su calma, evitando que se produjera el caos? Él conocía el valor de las personas.

Interesantemente, el estrés de aquel día no se reflejaba en el rostro de Jesús sino en los rostros de los discípulos. «Despide a las multitudes»[6], le dijeron. Una petición justa. Lo que están diciendo es: «Después de todo, ya les enseñaste. Les sanaste. Los acomodaste. Y ahora tienen hambre. Si no les decimos que se vayan, querrán que también les des de comer».

Me hubiera encantado ver la expresión en los rostros de los discípulos cuando oyeron la respuesta del Maestro: «No necesitan irse. Denles ustedes algo de comer».[7]

Solía pensar que esto era un pedido retórico. Que Jesús sabía que los discípulos no tendrían cómo dar de comer a la gente, pero de todos modos se lo pidió. Que aquella era una «prueba» para enseñarles a confiar en Dios en lo que no podían hacer.

Pero ya no lo veo así.

Sigo creyendo que era una prueba, pero no una prueba para mostrarles lo que no podían hacer, sino para demostrarles lo que sí podían hacer. Después de todo, acababan de hacer una gira en la que habían logrado lo imposible. Jesús les está diciendo que lo volvieran a hacer. «Dénles ustedes algo de comer».[8]

Me gustaría poder decirle que los discípulos lo hicieron. Que sabían que Dios nunca les pediría hacer algo para lo que no los hubiera capacitado, en este caso, alimentar a la multitud. Que los discípulos alimentaron milagrosamente a cinco mil hombres, además de las mujeres y los niños.

Pero no puedo ... porque no lo hicieron.

En lugar de poner sus ojos en Dios, miraron sus billeteras. «¡Eso es gastar el salario de ocho meses de trabajo! ¿Acaso quieres que salgamos y gastemos todo ese dinero en pan para darles comida?»[9]

«Debes de estar bromeando».

«No puedes estar hablando en serio».

«Es un chiste de Jesús».

«¿Sabes cuánta gente hay ahí afuera?»

Los ojos del tamaño de un melón. Las mandíbulas caídas. Con un oído oyendo el ruido de la multitud y con el otro la orden de Dios.

No deje de notar los puntos de contraste. Cuando Jesús vio a la gente, vio una oportunidad de amarlos y afirmar valores. Cuando los discípulos vieron a la gente, vieron miles de problemas.

Tampoco deje de notar la ironía. En medio de una panadería —ante la presencia del Panadero Eterno— ellos le dicen al «Pan de Vida» que no hay pan.

Qué bobos debemos parecerle a Dios.

Aquí es donde Jesús debe haberse rendido. Este es el punto en aquel día tan lleno de presión donde Jesús debió de haber explotado. La tristeza, las amenazas contra su vida, la euforia, la muchedumbre, las interrupciones, las exigencias, y ahora esto. Sus propios discípulos no pueden hacer lo que Él les pide. Ante cinco mil hombres, le fallan.

«Ilumíname, Padre», debieron haber sido las siguientes palabras de Jesús. Pero no fue así; en lugar de eso, preguntó: «¿Cuántos panes tienen?»

Los discípulos le trajeron el almuerzo de un niño. Un pequeño almuerzo se transforma en un banquete y todos son alimentados. No se escucha ni una sola palabra de reprimenda. No se ve ninguna ceja levantada en señal de enojo. No da ningún sermón del tipo «yo se los dije». La misma compasión que Jesús tuvo hacia la multitud la tuvo hacia sus amigos.

Examinemos este día una vez más. Repase lo que Jesús tuvo que enfrentar.

Una pena intensa: la muerte de un querido amigo y pariente.

Una amenaza inmediata: su nombre está en lista de los más buscados.

Un gozo inconmensurable: un regreso a casa con sus seguidores.

Una muchedumbre inmensa: un Niágara de gente siguiéndolo a todas partes.

Interrupciones insensibles: trató de descansar y se encontró con gente.

Demandas increíbles: una muchedumbre de miles pedían que los tocara.

Ayuda insuficiente: La única y sola vez que pidió ayuda, lo que consiguió fue una docena de expresiones tipo «nos estás tomando el pelo».

Pero la calma dentro de Jesús nunca colapsó. La alarma nunca se disparó. ¿Qué conocía Jesús que lo capacitó para hacer lo que hizo? Conocía el increíble valor de las personas. Como resultado:

- No dio de puntapiés y exigió que las cosas se hicieran a su manera.
- No dijo a sus discípulos que buscaran otra playa donde no hubiera gente.
- No le preguntó a la multitud por qué no habían traído su comida.
- No mandó a los apóstoles de nuevo al campo de trabajo para más entrenamiento.
- Y lo más importante de todo, mantuvo la calma en medio del caos. Incluso se tomó su tiempo para, en medio de todo, elevar una oración de gratitud.[10]

Un niño entró a una tienda de mascotas buscando un perrito. El dueño le mostró una camada de perritos en una caja. El niño los miró. Los fue tomando uno por uno. Los sacaba de la caja y los volvía a poner allí.

Después de varios minutos, fue donde el dueño de la tienda y le dijo:

—Ya escogí uno. ¿Cuánto vale?

El hombre le dijo cuánto y el niño prometió volver dentro de algunos días con el dinero.

—No te tardes mucho —le advirtió el dueño—. Los cachorritos como estos se van rápido.

El niño se sonrió y le dijo:

—No se preocupe, señor. El mío no se irá.

Se puso a trabajar: cortó la hierba, lavó ventanas, limpió patios. Trabajó duro y ahorró todo lo que pudo. Cuando tuvo suficiente para pagar por su mascota, volvió a la tienda.

Se dirigió al mostrador y puso encima un puñado de billetes. El dueño los contó y después de verificar que todo estaba bien, le dijo, sonriente:

—Muy bien, hijo, puedes llevarte tu cachorro.

El niño se dirigió a la caja, sacó un perrito flaco y cojo de una pierna, y se aprestó a irse.

El dueño lo detuvo.

—No te lleves ese —le dijo—. Tiene una pata mala. No puede jugar. Nunca podrá correr contigo. Ni correr a traerte algo que tú le pidas. Mejor elige un perrito sano y fuerte.

—No, señor —respondió el niño. Este es exactamente el que he andado buscando. Y se aprestó a salir de la tienda.

El dueño quiso argumentar pero prefirió guardar silencio. Había entendido. Había visto que del extremo de una pierna del pantalón del niño se asomaba un soporte de su pierna lisiada.

¿Por qué eligió ese perrito? Porque él sabía cómo se sentía el animalito. Y sabía que era una mascota muy especial.

¿Qué sabía Jesús que le permitió hacer lo que hizo? Sabía cómo se sentía la gente y sabía que todos eran muy especiales.

Espero que nunca olvide esto.

Jesús sabe cómo usted se siente. ¿Se siente entre la espada y la pared en su trabajo? Jesús sabe como se siente. ¿Está tratando de hacer más de lo humanamente posible? Él lo hizo antes que usted. ¿Transforman sus hijos el tiempo de la cena en «la hora piraña»? Jesús sabe cómo es eso. ¿Pide la gente más de lo que le da? Jesús lo entiende. ¿Sus hijos adolescentes no quieren escuchar? ¿Sus estudiantes no están esforzándose? ¿Sus empleados no cumplen con lo que les ordena que hagan? Créame, amigo, Jesús sabe cómo usted se siente.

Usted vale mucho para Él. Vale tanto que se hizo ser humano para que usted pueda ir a Él.

Cuando usted lucha, Él lo sabe. Cuando suspira, Él responde. Cuando pregunta, Él escucha. Él ha estado allí. Usted ha oído esto antes, pero necesita oírlo de nuevo.

Él lo ama con el amor de una Teresa Briones.

Él lo entiende con la compasión del niño lisiado.

Como Teresa, él lucha con el mismo infierno para protegerle.

Y, como el niño, Él pagó un gran precio para llevarlo de vuelta a casa.

4

CUANDO LOS PESCADORES NO PESCAN

> Eran como ovejas que no tenían pastor; y comenzó a enseñarles muchas cosas.[1]

> Y saliendo Jesús, vio una gran multitud, y tuvo compasión de ellos, y sanó a los que de ellos estaban enfermos.[2]

ES MUY BUENO QUE ESTOS VERSÍCULOS no se refieran a mí. ¡Qué bueno que miles de personas no estuvieran dependiendo de Max para que les enseñara y alimentara! Especialmente en el día que me enteré que murió un buen amigo querido. Especialmente en un día en que quería estar sólo con mis amigos. Especialmente después de haberme metido dentro de una barca para huir de las multitudes. Si hubiera estado en las sandalias de Jesús en aquella playa de Betsaida, estos versículos probablemente dirían así:

> Eran como ovejas que no tienen pastor. Entonces Max les dijo que dejaran de pastar y que volvieran a sus rediles.

> Cuando Max llegó y vio una multitud tan grande, musitó algo sobre lo difícil que es tener un día libre y llamó por radio a un helicóptero. Entonces, él y sus discípulos huyeron hacia un retiro privado.

Qué bueno que no era responsable por aquella gente. No habría estado de humor para enseñarles ni para ayudarles. Ni siquiera habría tenido ganas de estar con ellos.

Pero pienso que tampoco Jesús tenía deseos de estar con ellos. Después de todo, los había dejado, ¿no es así? Su intención era alejarse y estar solo. ¿Qué pasó entonces? ¿Por qué no les dijo que lo dejaran tranquilo? ¿Qué lo hizo cambiar de opinión y pasar el día con la gente a la que estaba tratando de evitar?

¿Respuesta? Eche un vistazo a las cinco palabras en Mateo 14.14: «Y tuvo compasión de ellos».

En este pasaje, la palabra griega usada para compasión es *splanchnizomai* que no le dirá mucho a menos que usted pertenezca al campo de la salud y haya estudiado «esplancnología» en la escuela de medicina. Si es así, entonces recordará que la esplancnología estudia las vísceras. O, en lenguaje popular, las tripas.

Cuando Mateo escribe que Jesús tuvo compasión de la gente, no está diciendo que sintió una lástima superficial hacia ellos. No. El término es mucho más gráfico. Mateo está diciendo que Jesús sintió el dolor en sus mismas entrañas:

- Sintió la cojera del paralítico.
- Sintió el dolor de los enfermos.
- Sintió la soledad del leproso.
- Sintió la perplejidad del pecador.

Y una vez que sintió sus dolores, no pudo sino sanarlos. Sus necesidades lo conmovieron en el estómago. Se sintió tan impresionado por sus necesidades que se olvidó de las suyas. La gente lo tocó de tal manera que decidió posponer sus asuntos para otra ocasión.

Quizás esa es la razón por la que Dios también trae al mundo de usted gente que sufre. Soledad total y falta de servicio es igual a egoísmo. Algo de soledad y algo de servicio, sin embargo, es igual a perspectiva.

He aquí una historia para ilustrar mi punto.

Cuando estaba en la secundaria, mi familia acostumbraba ir a pescar cada año durante las vacaciones de primavera. Un año, ni mamá ni mi hermano pudieron ir, de modo que papá me dijo que invitara a un amigo. Invité a Mark. Era un buen compañero y un gran deportista. Pidió permiso a sus padres y empezamos a planear el viaje.

Días antes de partir, ya estábamos disfrutando de las vacaciones. Podíamos sentir el sol quemándonos mientras pescábamos en el bote. Podíamos sentir los tirones a la caña y oír el ruido del carrete mientras tratábamos de meter al róbalo blanco dentro del bote. Y podíamos sentir el aroma del pescado friéndose en un pequeño fuego al aire libre.

No podíamos esperar. Los días pasaban como melasa fría. Por fin llegó la primavera. Cargamos el *camper* y partimos rumbo al lago.

Llegamos tarde en la noche, bajamos las cosas y nos fuimos a dormir, soñando con el día soleado de mañana. Pero durante la noche empezó a soplar un inesperado e inusual viento del norte. ¡Se puso frío muy rápido! A la mañana siguiente la fuerza del viento era tal que difícilmente pudimos abrir la puerta del *camper*. El cielo estaba gris. El lago era una montaña revuelta de olas coronadas de espuma. Imposible pensar en pescar con ese tiempo.

«No importa», dijimos. «Pasaremos el día en el *camper*. Tenemos juegos de mesa y algo para leer. Todos conocemos algunos chistes. Los contaremos. Nos reiremos, y asunto arreglado. No es lo que vinimos a hacer pero ni modo; trataremos de pasarlo bien y mañana pescaremos».

Así, metidos en el *camper*, con una cocinita Coleman y un juego de Monopolio, los tres pescadores pasamos el día: adentro. Las horas corrían lentamente, pero corrían.

Finalmente llegó la noche. Nos dirigimos cada uno a nuestros sacos de dormir, y nos dormimos soñando con pescar.

Pero nos esperaba una sorpresa. A la mañana siguiente no fue el viento lo que casi no nos dejó abrir la puerta del *camper*, sino el hielo.

Tratamos de tomar las cosas con humor. «No hay problema» nos dijimos. «Podemos seguir jugando Monopolio. Podemos leer otro poco. Y seguramente nos acordaremos de algunos chistes que no hemos contado todavía». Pero por más comprensivos que tratábamos de ser, era obvio que algo de lo gris del cielo se había desprendido y había entrado a nuestro vehículo.

Empecé a darme cuenta de algunas cosas en las que no me había fijado hasta ahora. Me di cuenta que Mark tenía algunos problemas de personalidad. Era un poco engreído en sus opiniones. Se irritaba con facilidad y estaba siempre nervioso. No aceptaba las críticas constructivas. Aunque sus medias sí apestaban, él pensó que no era asunto mío el hacérselo saber.

«Sólo estoy protegiendo el *camper* de mi papá», me defendí, esperando que mi padre saliera en mi ayuda.

Pero papá estaba sentado en un rincón, leyendo. *Uy,* pensé, *¿dónde se mete cuando lo necesito?* Y entonces, empecé a ver a mi papá en una luz diferente. Cuando le dije que los huevos estaban acuosos y que las tostadas se habían quemado, me invitó a que probara con la cocina portátil. *Vaya, vaya*, dije para mí, *nada mejor que estar encerrado en un* camper *con alguien que me ayude a ver su verdadera naturaleza.*

Fue un día largo. Y una noche larga y fría.

Cuando a la mañana siguiente despertamos con el sonido de la lluvia contra el techo del vehículo, ni siquiera pretendimos estar contentos. Estábamos desmoralizados y de mal humor. Mark se ponía peor con cada momento que pasaba. Me pregunté qué arranque de estupidez había tenido cuando se me ocurrió invitarlo. Mi papá no era capaz de hacer nada bueno. Me preguntaba cómo alguien tan irritable podía tener un hijo tan ecuánime como yo. Estuvimos sentados todo el día, nuestro equipo de pesca aún sin desempacar.

El otro día amaneció todavía más frío. «Nos vamos a casa» fueron las primeras palabras de mi padre. Nadie objetó.

Aquella semana aprendí una dura lección. No de pesca, sino sobre la gente.

Cuando los que van a pescar no pescan, pelean.

Cuando la energía que debe consumirse exteriormente se quema interiormente, el resultado es explosivo. En lugar de arrojar la red, se arrojan piedras. En lugar de extender manos de ayuda, alzamos dedos acusadores. En lugar de ser pescadores del perdido, nos transformamos en críticos de los hermanos. En lugar de ayudar al que sufre, hacemos sufrir a los que ayudan.

¿El resultado? Iglesias semi vacías. Espiritualidad cínica. Ojos avaros buscando verrugas en los demás al tiempo que ignoran las que tienen debajo de la nariz. Dedos crispados que ignoran lo fuerte y apuntan a lo débil.

Iglesias divididas. Testimonios sin poder. Corazones rotos. Guerras legalistas.

Y, tristemente, gente sin alimentar, confundidos sin aconsejar, perdidos sin alcanzar.

Cuando los que son llamados a pescar no pescan, pelean.

Pero vea el otro lado de esta historia de peces: Cuando los que son llamados a pescar, pescan ... ¡prosperan!

Nada mejor para los retortijones que una tarde sirviendo. Nada restablece mejor la perspectiva que visitar enfermos en un hospital. Nada une mejor a los soldados que una tarea común.

Deje a los soldados dentro de los dormitorios sin que vayan al frente y vea lo que pasa con sus actitudes. Inventarán cualquier excusa para quejarse. Literas demasiado duras. Comida demasiado fría. Los jefes demasiado exigentes. La compañía demasiado cansada. Pero ponga a estos mismos soldados en una trinchera y déjelos que disparen algunos tiros y lo que era aburrido en los dormitorios les parecerá el cielo. Las camas serán grandiosas. La comida, un banquete. Los jefes, dignos de imitar. La compañía estará entusiasmada.

Cuando los que son llamados a pescar, pescan, ¡prosperan!

Jesús sabía eso.

Cuando llegó a Betsaida, estaba triste, cansado y ansioso de estar solo con los discípulos. Nadie lo hubiera criticado si hubiese despachado a las multitudes por segunda vez. Nadie lo hubiera criticado si se hubiese alejado de la gente. Pero no lo hizo. Quizás más tarde. Quizás más tarde les diría que se fueran y Él buscaría la soledad.

Pero no antes de «sanar a sus enfermos»[3] y enseñarles «muchas cosas».[4] Se olvidó de sí mismo, sirvió a los demás, y el cansancio se fue.

Anote esto. La próxima vez que los desafíos «externos» lo tienten a cerrar la puerta y quedarse adentro, quédese allí el tiempo suficiente para calentarse. Luego, salga. Cuando los que han sido llamados a pescar, no pescan, pelean.

5

LA ALEGRÍA DE LA TRAVESÍA

ELLA SE SENTÓ en el 14E y yo en el 14D.
Ella era del campo, yo de la ciudad. Ella era retraída, yo extrovertido. Ella era mujer de su casa, yo un «profesional». Pero ella podía ver y yo era ciego.

«Ponen los asientos demasiado juntos, ¿no le parece?», dijo mientras me sentaba.

Su rostro estaba a diez pulgadas del mío. Tenía unas mejillas de dogo alemán; sus cejas le invadían la parte superior de la nariz y su papada colgaba. Cuando sonreía lo hacía de tal manera que se le podía ver toda la parte superior de la cavidad bucal. Su cuello parecía salir de sus hombros en un ángulo de cuarenta y cinco grados, haciendo que su cabeza apareciera frente a sus hombros y no sobre ellos. Usaba un corte de pelo estilo *garçon* y unos pantalones aterciopelados color azul.

No sé si era vieja o parecía serlo. Pero de una cosa estoy seguro: Nunca había volado.

«No hago esto con frecuencia, ¿y usted?»

Cuando le dije que yo sí, sus ojos se abrieron, grandes. «Ah, ¡eso debe ser muy divertido-oo!» (Ella podía añadir una sílaba a cada palabra.)

Me quejé para conmigo mismo. Ya tenía una mala actitud. La semana que me había tocado vivir había sido agitada. El avión estaba atrasado y sobre vendido. Me dolía una muela y había dejado la medicina en el hotel. Quería dormir, pero tenía trabajo que hacer. Y ahora, estaba sentado junto a la mamá de Gomer Pyle.

«¡Ah, joven, mire eso!»

Señaló el avión que iba adelante en la pista de despegue.

«¿Será el nuestro tan grande como ese!»

«Sí». Esperaba que mi escueta respuesta le indicara que no estaba de ánimo para conversar. No ocurrió.

«Voy a Dallas a visitar a mi hijo. ¿Ha estado en Dallas alguna vez? Espero que mi hijo esté bien. La semana pasada tuvo una infección intestinal. Acaba de comprarse un nuevo perro. No puedo esperar a verlo. Es un labrador. ¿Sabe lo que es eso? Son perros grandes y muy amorosos ...»

Era una mujer rara. No solo podía agregar una sílaba a cada palabra sino que también contestaba sus propias preguntas.

Mientras despegábamos, se mantuvo en silencio. Por varios segundos no dijo una palabra. Entonces de repente dejó escapar un sonido con el que se podía llamar a los cerdos a cenar.

«¡Aaaaah, mire! ¡Aquellos árboles allá abajo se ven como si fueran musgos!»

La gente que estaba sentada cerca de nosotros se volvió y me miró como si yo fuera E. F. Hutton.

«¿Qué río es ese?

Le dije que no sabía, así que hizo señas a una asistente de vuelo.

Cuando llegaron ofreciendo bebidas, pedí una Coca Cola. Ella pidió que le enumeraran todo lo que había para beber.

«Dígamela de nuevo, por favor». La asistente se la dijo por segunda vez. «Ah, es difícil escoger», dijo, con una risita. Finalmente, escogió algo.

Cuando le trajeron su bebida, dijo que no sabía que el jugo de manzanas viniera en latas de aluminio. Y cuando le trajeron un sánduich, abrió la caja y exclamó tan alto como para que la escuchara el piloto: «¿Por qué rayos esto tiene mayonesa!»

Cuando saqué mi computadora portátil, se sintió cautivada. «¡Qué cosa más maravillosa!»

Y esto fue así en todo el vuelo. No dejaba pasar una. Si no quería mirar por la ventana, se sumergía en una revista. Si no quería hablar, exclamaba: «¡Ooooh!» Jugaba con el control individual del aire. Prendía y apagaba sus luces. Se abrochaba y desabrochaba el cinturón de seguridad. Disfrutaba su almuerzo. Cuando entramos en una turbulencia, la miré para asegurarme que estuviera bien y vi que sonreía. Se veía tan feliz como un niño montado en una rueda gigante en las verbenas del condado.

A mitad del recorrido, me pareció que ella era la única persona que realmente disfrutaba del viaje. El resto de nosotros, los «expertos», teníamos demasiada madurez como para divertirnos. El hombre enfrente de mí analizaba futuros viajes de negocios a Japón y dictaba más nombres que la Oficina de Censo de los Estados Unidos. El que estaba detrás, se dedicaba a pedir cervezas ... de dos en dos. La dama a mi derecha estaba metida entre papeles. Y yo, le daba a las teclas de mi computadora portátil con los ojos cansados, la boca doliéndome, tenso, tratando de encontrar un mensaje para la gente estresada sin darme cuenta que el mensaje estaba sentado al lado mío.

Y no me hubiera dado cuenta si al terminar el viaje ella no se hubiera inclinado hacia mí para decirme: «Hijo, quizás lo que le voy a decir está fuera de lugar, pero usted estuvo trabajando durante todo el viaje. Necesita descansar. Necesita cerrar esa máquina y disfrutar el viaje».

¡Glup!

Esbocé una sonrisa y traté de decirle algo así como que tenía que terminar un trabajo antes de mañana. Pero ella no me escuchaba. Apretaba sus manos con entusiasmo en anticipación al aterrizaje.

«¿Acaso no fue un viaje maravilloso-oo?», preguntó en voz alta mientras salíamos del avión.

No dije nada. Solo asentí con la cabeza y sonreí. Y se fue caminando, brincando escalera abajo como una niña curiosa de seis años. Me quedé mirándola hasta que la perdí de vista, y luego me dirigí a tomar mi siguiente vuelo pero con una lección aprendida.

Decidí mantener mis ojos bien abiertos.

Pensé que no tiene mucha gracia hacer el viaje y perder la travesía.

6

ASOMBROSO

ALGO OCURRIÓ HACE UNAS SEMANAS que podría archivarse bajo la categoría de «asombroso».

Un sábado por la mañana estaba jugando básquetbol en la cancha de la iglesia. (Un buen grupo se reúne cada semana para jugar.) Algunos son tan atléticos que pueden tocarse la punta de los pies con las manos sin doblar las rodillas, y tocar el aro cuando saltan. El resto de nosotros, cada uno con su correspondiente barriga, ya no podemos hacer ni lo uno ni lo otro. Tocarnos la punta de los pies con las manos ya ha dejado de ser una opción. El desafío que ahora enfrentamos es mirar hacia abajo y vernos la punta de los pies. Nunca tocamos el aro cuando saltamos y rara vez encestamos.

Pero a los de estómago plano no les molesta si jugamos con ellos. (No tienen otra alternativa. Nosotros tenemos las llaves del gimnasio.)

De todos modos, hace unos sábados nos encontrábamos en medio de un juego cuando corrí para coger un rebote. Debí de hacerlo muy lentamente porque alguien se me adelantó y atrapó la bola antes que yo. Y lo único que logré del salto fue un dedo en el ojo.

Cuando logré abrir el ojo, lo veía todo borroso. Mi lente de contacto no estaba donde solía estar. Creí tenerlo en un extremo del ojo. Dejé el juego y me fui al baño. Después de mirarme en el espejo, me di cuenta que no estaba, y que debió caerse en algún lugar en el piso.

Volví a la cancha. Los muchachos estaban en el otro extremo, por lo que el área donde había perdido el lente estaba disponible.

Me arrodillé y empecé a buscar. Nada. Cuando se dieron cuenta de lo que estaba haciendo, me ayudaron a buscar. Los diez estábamos de rodillas, jadeando como perrillos y mojados como caballo de vaquero.

Pero el necio lente no aparecía por ningún lado.

Estábamos por darnos por vencido, cuando alguien gritó: «¡Allí está!» Miré y vi que señalaba el hombro de uno de los jugadores. El mismo cuyo dedo había hecho una exploración un tanto violenta en mi cornea.

Allí, en su hombro, estaba mi lente. Había caído sobre él ... se había pegado en su piel ... y había permanecido allí mientras él jugaba, brincaba y chocaba con los demás jugadores.

Asombroso.

Más asombroso todavía cuando considera que el lente de contacto hizo todo este viaje de ida y vuelta pegado al hombro de uno de los jugadores atléticos. Uno de esos que tienen el estómago plano, se tocan la punta de los pies y saltan hasta el aro. Si lo hubiéramos encontrado en el hombro de uno de nosotros, los que ya «vamos cuesta abajo», nadie se hubiera impresionado. Algunos de nosotros tenemos la misma agilidad que un búfalo pastando. Pero cuando piensa en las peripecias que pasó ese pequeño pedazo de plástico y en lo extraño de haberlo encontrado, no puede sino pensar en incorporarlo al archivo de las cosas «asombrosas».

Mientras más pensaba en el incidente, más asombroso me parecía.

Y mientras más asombroso me parecía, más descubría sobre cosas asombrosas.

Una de las cosas que aprendí fue que las cosas asombrosas por lo general ocurren en situaciones asombrosas, como por ejemplo, un partido de básquetbol un sábado por la mañana.

También me di cuenta que hay más cosas asombrosas ocurriendo que las que generalmente uno ve. De hecho, al empezar a fijarme a mi alrededor, encontré más y más cosas que había etiquetado «era de esperarse» que merecían clasificarse como «bueno ... ya usted sabe cómo».

¿Ejemplos?

Tengo mi dinero en el banco, junto con el dinero de otros miles de personas. ¿Quién sabe cuántas transacciones se hacen cada día? ¿Quién sabe cuánto dinero se deposita y cuánto se saca de allí cada día? Pero de alguna manera, cuando quiero sacar algo de dinero o quiero saber cuánto dinero tengo, el empleado (o el sistema) me puede dar lo que quiero.

Asombroso.

Cada mañana me trepo a una camioneta que pesa media tonelada y me dirijo a una carretera interestatal donde —junto a miles de otros conductores— transformamos nuestros vehículos en misiles que viajan a más de cien kilómetros por hora. Aunque he pasado algunos sustos y percances, todavía silbo cuando voy conduciendo a una velocidad que habría hecho desmayar de susto a mi bisabuelo.

Asombroso.

Cada día tengo el honor de sentarme con un libro que contiene las palabras de Aquel que me creó. Cada día tengo la oportunidad de dejarle que me dé uno o dos pensamientos sobre cómo vivir.

Si no hago lo que Él dice, no quema el libro ni me cancela la suscripción. Si no estoy de acuerdo con lo que Él dice, no manda un rayo que parta en dos mi silla giratoria ni hace que un ángel borre mi nombre de su lista. Si no entiendo lo que Él dice, no me dice que soy un tonto.

De hecho, Él me dice «Hijo» y en otra página me explica lo que no entiendo.

Asombroso.

Al final del día, al recorrer mi casa, entro al dormitorio de mis tres pequeñas hijas. Muchas veces las encuentro destapadas, así es que arreglo sus cobijas. Cuando sus cabellos ocultan su rostro, se los peino con la mano. Y una a una, me inclino y beso la frente de esos ángeles que Dios me ha prestado. Luego me paro en la puerta y me pregunto por qué a él le ha placido encargar a un tipo tan imperfecto y que tropieza tanto como yo la tarea de amar y guiar a estos tesoros.

Asombroso.

Luego voy y me acurruco en la cama con una mujer muchísimo más sabia que yo ... una mujer que merece a un hombre mucho más apuesto que yo ... pero una mujer que no estará de acuerdo conmigo en esto sino que desde lo profundo de su corazón me dirá que soy lo mejor que pudo haberle pasado.

Después de pensar en la esposa que tengo, y cuando pienso que la tengo para toda la vida, muevo la cabeza y doy gracias al Dios de gracia por este privilegio, y digo, *asombroso.*

En la mañana, lo haré de nuevo. Conduciré por el mismo camino. Iré a la misma oficina. Acudiré al mismo banco. Besaré a las mismas hijas. Y me acostaré con la misma mujer. Pero estoy aprendiendo a no tomar a la ligera estos milagros de todos los días.

Sólo piense, todo comenzó con un partido de básquetbol. Desde que encontré mi lente de contacto, he empezado a ver las cosas en forma mucho más clara.

He venido descubriendo muchas cosas: después de un rato, la congestión de tráfico se termina, las puestas de sol son gratuitas, las ligas menores son una obra de arte, y la mayoría de los aviones despegan y aterrizan a tiempo. Estoy descubriendo que la mayoría de la gente son buenas personas y que sólo son tan tímidas como soy para comenzar una conversación.

Me encuentro con gente que ama a su país y a su Dios y sus iglesias y que darían la vida por cualquiera de las tres.

Estoy descubriendo que si me fijo bien ... si abro los ojos y observo ... hay muchas razones para quitarme el sombrero, dirigir la mirada a la Fuente de todo y solamente decir, gracias.

7

GRACIAS POR EL PAN

QUERIDO AMIGO:

Te estoy escribiendo para darte las gracias. Me hubiera gustado haberte agradecido personalmente, pero no sé dónde estás. Hubiera querido llamarte por teléfono, pero no sé cómo te llamas. Si conociera tu aspecto te buscaría, pero tu rostro está difuso en mi mente. Sin embargo, jamás olvidaré lo que hiciste.

Allí estabas, apoyado contra tu camioneta en el campo petrolero al oeste de Texas. Un ingeniero o algo así. Un supervisor. Tu camisa limpia y planchada te hacía diferente a nosotros los obreros. En la jerarquía de trabajo, estábamos abajo. Tú eras el jefe. Nosotros los obreros. Tú leías los planos. Nosotros cavábamos las zanjas. Tú inspeccionabas las tuberías. Nosotros las instalábamos. Tú comías con los jefes en el cobertizo. Nosotros, nos agrupábamos bajo la sombra.

Excepto aquel día.

Recuerdo que me pregunté por qué lo hiciste.

No lucíamos muy bien que se diga. Lo único que no sudaba era el petróleo. Los rostros quemados por el sol; la piel negra por la grasa. Aquello, sin embargo, no me molestaba. Estaba allí sólo por el verano. Un muchacho de secundaria ganándose algunos dólares colocando tuberías. Para mí, era un trabajo de verano. Para los demás, una forma de ganarse la vida. La mayoría eran inmigrantes ilegales que habían venido de México. Otros eran vagabundos, yendo de un lugar a otro por la pradera, como plantas rodadoras.

Tampoco éramos muy brillantes en nuestra conversación. El lenguaje que usábamos era rudo y vulgar. Después del almuerzo, encendíamos un cigarrillo y empezaban las bromas. Nunca faltaba quien tuviera un mazo de naipes con muchachas provocativas en el reverso. Durante treinta minutos al calor del día, el lugar se transformaba en Las Vegas, repleto de lenguaje soez, historias sucias, juegos de naipes y taburetes de barra que hacían las veces de cubos donde poner el almuerzo.

En medio del juego, te acercaste a nosotros. Pensé que hubiera un trabajo que hacer y que no podías esperar un par de minutos. Como los demás, también protesté al verte venir.

Te veías nervioso. Recargabas el peso del cuerpo en un pie y luego en el otro mientras empezabas a hablar.

«¡Hmm! Muchachos», dijiste.

Nos volvimos y te miramos.

«Yo, bueno, me gustaría, este, invitarlos ...»

Te estabas saliendo de tu zona de seguridad. No tenía idea lo que pensabas decir, pero sí sabía que no tenía nada que ver con el trabajo.

«Quería decirles, este, que nuestra iglesia tiene una reunión esta noche, este ...»

«¿Qué?» No podía creerlo. «¿Está hablando de iglesia? ¿Aquí? ¿A nosotros?»

«Me agradaría mucho que me acompañaran».

Silencio. Un silencio que gritaba. El mismo silencio que oiría si una monja le pide a una madama usar su burdel para celebrar una misa. El mismo silencio que oiría si un representante de la Oficina de Rentas Internas invitara a la mafia a un seminario sobre integridad en el pago de los impuestos.

Algunos de los muchachos miraron el suelo. Algunas miradas penetrantes. Risitas contenidas se elevaron unas pulgadas por sobre la superficie.

«Bueno, muchachos, este. Eso era todo, hum ... Si quieren venir me lo dejan saber».

Después que te volviste y te alejaste, nos echamos a reír. Te llamamos «reverendo», «predicador» y «Papa». Comenzamos a lanzarnos burlas unos a otros y nos retábamos a responder. Te convertiste en el blanco de los chistes de ese día.

Estoy seguro que te diste cuenta. Y estoy seguro que volviste a tu camioneta sabiendo que lo único bueno que hiciste fue hacer el ridículo. Si era eso lo que pensabas, tengo que decirte que estabas equivocado.

Por eso te escribo esta carta.

He pensado en ti esta semana. Pensé en ti al leer de alguien que se atrevió a hacer algo durante la hora del almuerzo. Pensé en ti cuando leí la historia de un niño que le dio su almuerzo a Jesús.[1]

No era mucho lo que tenía. En realidad, nada comparado con lo que se necesitaba para alimentar a más de cinco mil personas.

Probablemente tuvo que vencer el temor de hacer el ridículo porque ¿qué era su almuerzo para tanta gente? Seguramente se preguntó si en verdad valdría la pena entregar su almuerzo.

¿Qué tan lejos se puede llegar con un almuerzo?

Creo que esa fue la razón por la que no se lo dio a la gente, sino a Jesús. Algo le dijo que si él plantaba la semilla, Dios garantizaría la cosecha.

Y así lo hizo.

Así es que hizo acopio de valentía, se puso de pie y se dirigió al círculo de personas adultas. Estaba tan fuera de lugar en aquel grupo como tú en el nuestro. Debe haberse sentido nervioso. A nadie le gusta hacer el ridículo.

Además, es probable que alguien se haya reído de él.

Y si no se rieron, deben de haber movido la cabeza, como diciendo: «¿No tendrá este niño algo mejor que hacer?»

Y si no movieron la cabeza, quizás movieron los ojos, como diciendo: «Estamos frente a una verdadera crisis de alimento y este pequeño piensa que con su almuerzo se va a solucionar todo».

Pero el niño no estaba mirando ni las cabezas ni los ojos de los adultos. Sólo miraba a Jesús.

Posiblemente tú hiciste lo mismo cuando tomaste la decisión. No mucha gente nos hubiera considerado material para diáconos. Cualquiera hubiera guardado sus semillas para un terreno más dócil. Y casi hubieran tenido razón. Pero Jesús dijo que dieras ... de modo que tú diste.

Cuando pienso en esto, veo que tú y el niño de la historia tienen mucho en común:

- Ambos usaron su almuerzo para ayudar a otros.
- Ambos prefirieron la fe a la lógica.
- Ambos dibujaron una sonrisa en el rostro del Padre.

Hay, sin embargo, una diferencia. El niño pudo ver lo que Jesús hizo con su almuerzo, y tú no. Por eso es que te estoy escribiendo. Porque quiero que sepas que al menos una de esas semillas cayó en una grieta fértil.

Unos cinco años más tarde, un estudiante en segundo año de universidad estaba luchando con una decisión. Se había alejado de la fe que le habían dado sus padres. Y quería volver. Quería volver a casa. Pero el precio que tenía que pagar era alto. Sus amigos se burlarían de él. Tendría que cambiar sus hábitos. Tendría que recuperar su buena reputación.

¿Lo haría? ¿Tendría el valor necesario?

Entonces, pensé en ti. Sentado en mi dormitorio, tarde una noche, viendo de dónde sacaría el valor para hacer lo que tenía que hacer, pensé en ti.

Pensé que tu amor por Dios había sido mucho más importante que tu amor por tu reputación.

Pensé que tu sentido de obediencia había sido mucho más grande que tu sentido común.

Recordé que te habías preocupado más por hacer discípulos que por dejar una buena impresión. Y cuando pensé en ti, tu recuerdo se transformó en mi motivación.

Y regresé a casa.

He contado tu historia docenas de veces a miles de personas. Cada vez la reacción es la misma: la audiencia se transforma en un mar de sonrisas y las cabezas asienten en señal de comprensión. Algunos sonríen porque piensan en el ingeniero de la camisa impecable en sus vidas. Recuerdan al vecino que les llevó el pastel, a la tía que les escribió una carta, al profesor que escuchó ...

Otros sonríen porque han hecho lo que tú hiciste. Y ellos, también, se preguntan si su «lealtad a la hora del almuerzo» valió el esfuerzo.

Tú te lo preguntaste. Lo que hiciste ese día no fue mucho. Y estoy seguro que te fuiste aquel día pensando que tu esfuerzo había sido en vano.

Pero no lo fue.

Así es que te estoy escribiendo para darte las gracias. Gracias por el ejemplo. Gracias por el valor. Gracias por ofrecer tu almuerzo a Dios. Él hizo algo con él: se convirtió en el Pan de Vida para mí.

Con gratitud,
Max

P.S. Si por una asombrosa coincidencia lees esto y recuerdas aquel día, por favor llámame. Te debo un almuerzo.

8

CHARLAS EN MINEÁPOLIS

EL VIAJE ES LARGO DESDE BOSTON, Massachusetts hasta Edmonton, Canadá. No importa la ruta que siga, el viaje siempre es largo.

Salí alrededor de la 1:30 p.m. Llamé a la gente donde iba a hablar, me puse mis tenis Reeboks justo a tiempo para salir a pelear con el tráfico de camino al Aeropuerto Logan.

El avión estaba sobre vendido; algunas personas estaban furiosas. Para colmo, el avión lo diseñaron ingenieros de cinco pies y cuatro pulgadas que odian a las personas altas. (Me comí mis rodillas de almuerzo.) Llegamos atrasados a Minneapolis, donde tenía que cambiar de avión.

Está bien. Sé que se supone que no me queje. Me he oído muchas veces predicando sobre la gratitud. Y sé que a un millón de personas en el mundo le hubiera encantado comerse la la bolsita de maní que yo boté hoy. Pero aun así, me bajé del avión con calambre en una pierna, un estómago vacío, una mala actitud y tres horas más de viaje.

Mientras me dirigía hacia mi próximo avión, vi un McDonald's. Se veía muy bien. ¿Tengo tiempo? Luego vi algo mejor: un teléfono.

Caminé hacia él, puse mi equipaje de mano en el suelo y llamé a casa. Me contestó Denalyn. Me encanta cuando ella contesta. Siempre se alegra cuando llamo. Cuando llegue al cielo, San Pedro le va a dar el puesto de recepcionista en la puerta.

Pasamos veinte minutos hablando de temas a nivel de Pentágono, como por ejemplo, el tiempo en Nueva

Inglaterra y en San Antonio. Hablamos sobre una amiguita de Jenna que dormiría una noche en nuestra casa y que Sara estaba con un poco de fiebre. Le conté del profesor canadiense que se sentó a mi lado en el avión que hablaba tanto francés como inglés y ella me contó sobre la nueva escuela elemental.

No tomamos decisiones. No solucionamos ningún problema. No resolvimos conflictos de importancia mundial. Solo hablamos. Y me sentí mejor.

Jenna tomó el teléfono y me preguntó cuando volvería a casa. Es bueno sentir que lo echan de menos.

Andrea tomó el teléfono y me dijo: «Papá, te quiero». Y me hizo sentir bien saber que hay personas que me quieren.

Jenna acercó el teléfono a la oreja de Sara, la bebé y allí, en medio del aeropuerto, le hablé como se le habla a una bebé. (La gente se paraba para mirarme.) Pero no me preocupé porque Sara me dijo unas cuantas cosas en su idioma de bebé y eso me hace sentirme bien.

Denalyn volvió al teléfono y me dijo: «Gracias por haber llamado». Y colgué feliz.

Ya estoy de nuevo en el avión y mi actitud ya volvió a su cauce. El avión está retrasado porque la pista de despegue está repleta, lo que significa que llegaré a Edmonton una hora más tarde de lo planeado. No sé quién me estará esperando ni tampoco recuerdo a quién tengo que llamar mañana. Pero todo está bien.

No me importa ser peregrino mientras sepa que puedo llamar a casa las veces que quiera.

Jesús también podía ... y lo hizo.

Es posible que esa sea la reflexión que hay tras el versículo 19 de Mateo 14: «Y tomando los cinco panes y los dos peces, y levantando los ojos al cielo, bendijo, y partió [los panes]». Siempre tuve en cuenta esta oración como un buen ejemplo o, al menos, como un buen hábito.

Hasta ahora.

Ahora se me ocurre pensar que Jesús necesitaba llamar a casa en medio de la crisis, como me pasó a mí.

Estaba rodeado de gente que necesitaba alimentarse y los discípulos que querían un respiro. Su corazón estaba abrumado por la muerte de Juan el Bautista.

Necesitaba hablar un minuto con alguien que pudiera entenderlo.

Quizás él, como yo, se sintió un poco cansado por las molestias de tener que hacer un trabajo en una tierra distante y necesitaba llamar a casa.

Y lo hizo. Charló con Aquel a quien amaba. Oyó el sonido del hogar que echaba de menos. Y recordó que cuando todo el infierno se suelta, entonces el cielo se acerca.

Quizás usted también necesite llamar a casa. Dios se alegrará cuando lo haga ... pero ni siquiera la mitad de lo contento que estará usted.

9

VOCES ENGAÑOSAS

¿QUIERE TENER ÉXITO? He aquí su modelo. ¿Quiere alcanzar logros? Aquí tiene su prototipo. ¿Quiere luces de colores, concursos y la atención de los medios? Considere el artículo de primera plana y central del periódico más importante de la nación.

Es una caricatura de la «Señorita América». Se ha reunido la información «vital» de las cincuenta y una participantes para presentar a la mujer perfecta. Tiene el cabello castaño. Tiene ojos cafés. Sabe cantar y tiene una figura perfecta: 35-24-35. Es Señorita América. Es la mujer ideal.

El mensaje llena la página: «Este es el estándar para la mujer norteamericana». La implicación es obvia: Haga lo que se necesita para ser como ella. Tonifique sus caderas. Use un escote más atrevido. Mime su cabello. Mejore su manera de caminar.

No hay ninguna referencia a sus convicciones ... a su honestidad ... a su fe ... ni a su Dios. Pero sí le dan la medida de las caderas.

En una pequeña foto, cuatro pulgadas a la izquierda, hay otra mujer. Tiene un rostro delgado. Su piel se ve arrugada, parece de cuero. No usa maquillaje ... nada de color en las mejillas ... ni lápiz labial. Una tímida sonrisa se dibuja en sus labios y hay un brillo en sus ojos.

Se ve pálida. Quizás sea mi imaginación, o quizás sea verdad. El pie de foto dice: «Madre Teresa: En condición delicada».[1]

Madre Teresa. Usted conoce su historia. Cuando en 1985 obtuvo el Premio Nobel de la Paz, regaló los doscientos mil dólares a los pobres de Calcuta. Cuando un comerciante le regaló un automóvil nuevo, ella lo vendió y dio el dinero a los más necesitados. No tiene nada. No debe nada.

Dos mujeres: Señorita América y la Madre Teresa. Una camina por el escenario; la otra trabaja en las callejuelas. Dos voces. Una promete coronas, flores y multitudes. La otra promete servicio, entrega y gozo.

Quiero aclarar que no tengo nada contra los certámenes de belleza (aunque tengo mis reservas sobre ellos). Pero sí tengo algo contra las voces mentirosas que contaminan nuestro mundo.

Usted las ha oído. Le dicen que canjee su integridad por una nueva venta. Que intercambie sus convicciones por un buen negocio. Que cambie su devoción por una emoción fugaz.

Esas voces susurran. Galantean. Se burlan. Provocan. Coquetean. Adulan. «Hazlo. No te preocupes que todo estará bien». «Solo espera hasta mañana». «No te preocupes, nadie lo sabrá». «¿Cómo puede ser malo algo que se siente tan bien?»

Las voces de la multitud.

Nuestras vidas son como Wall Street: caos, gritos y demandas. Hombres y mujeres vociferando frenéticos en un esfuerzo por obtener lo más que pueden antes que se acabe el tiempo. «Comprar. Vender. Negociar. Lo que sea que haga, hágalo rápido ... y ruidosamente».

Un carnaval de trajes de franela gris donde nadie sonríe y todos pelean.

Y un coro interminable de voces altisonantes: algunos ofreciendo, algunos hablando y todos chillando.

¿Qué hacemos con las voces?

Mientras trabajo en el manuscrito de este libro, me encuentro sentado en el escritorio de un cuarto de hotel. Estoy lejos de casa. Lejos de amigos y conocidos. Lejos de los familiares que me quieren.

Las voces que me alientan y me animan a seguir adelante están distantes.

Pero las voces que atormentan y seducen están muy cerca. Aunque el cuarto está en silencio, si pongo atención, sus voces son claras como el cristal.

Un anuncio en la mesita de noche me invita a visitar el vestíbulo del hotel donde puedo «hacer nuevos amigos en una atmósfera cordial». Otro anuncio colocado en la parte superior del televisor me promete que al solicitar una película para adultos «mis fantasías se harán realidad». En la guía telefónica, varias columnas con servicios de compañía ofrecen «amor lejos de casa». Un libro con atractivas letras doradas en la gaveta de la mesita de nocheador pretende atraer mi atención: *El Libro de Mormón: Otro Testamento de Jesucristo.* En la televisión un grupo de personas analizan el tema del día: «Cómo tener sexo en la oficina».

Voces. Algunas de placer. Algunas de poder.

Algunas prometen aceptación. Otras prometen cariño. Pero todas prometen algo.

Aun las voces que oyó Jesús prometían algo.

«Aquellos hombres, entonces, viendo la señal que Jesús había hecho, dijeron: Este verdaderamente es el profeta que había de venir al mundo».[2]

Para el observador superficial, estas eran las voces de la victoria. Para el oído no entrenado, estos eran los sonidos del triunfo. ¿Qué podía ser mejor? Cinco mil hombres, además de las mujeres y los niños proclamando a Cristo como el profeta. Miles de voces creciendo hasta transformarse en un rugido de avivamiento, una ovación de adulación.

El pueblo tiene todo lo que necesita para montar una revolución.

Tiene un enemigo: Herodes. Tiene un mártir: Juan el Bautista. Tiene liderazgo: los discípulos. Tiene provisiones aseguradas: Jesús, el hacedor del pan. Y tiene un rey: Jesús de Nazaret.

¿Para qué esperar? La hora ha llegado. Israel será restaurado. El pueblo de Dios ha oído la voz de Dios.

«¡Jesús es el rey!», proclaman algunos. Y la multitud está de acuerdo.

Y no crea ni por un minuto que Jesús no oyó sus repeticiones cantadas.

Un coro que promete poder intoxicante. Nada de cruces. Ni sacrificios. Un ejército de discípulos al alcance de la mano. Poder para cambiar el mundo sin tener que morir para lograrlo.

La venganza sería dulce. *Aquel que hizo cortar la cabeza a Juan el Bautista está a sólo unas millas de aquí. Me pregunto si alguna vez habrá sentido una fría hoja de acero en la garganta.*

Sí, Jesús oyó las voces. Oyó las palabrerías. Pero también oyó a alguien más.

Y cuando lo oyó, lo buscó.

«Pero entendiendo Jesús que iban a venir para apoderarse de él y hacerle rey, volvió a retirarse al monte él solo».[3]

Jesús prefería estar solo con el Dios verdadero que en una multitud con la gente equivocada.

La lógica no le dijo que despidiera a la multitud. La sabiduría convencional no le dijo que le diera las espaldas a un ejército dispuesto. No, no fue una voz externa la que Jesús escuchó. Fue una voz de su interior.

Lo que distingue a una oveja es su capacidad de oír y reconocer la voz de su Pastor.

«Las ovejas oyen su voz; y a sus ovejas llama por nombre, y las saca».[4]

Lo que distingue a un discípulo es su capacidad de oír y reconocer la voz de su Maestro.

«He aquí, yo estoy a la puerta y llamo; si alguno oye mi voz y abre la puerta, entraré a él, y cenaré con él, y él conmigo».[5]

El mundo golpea su puerta; Jesús la toca con suavidad. Las voces gritan buscando su lealtad; Jesús la pide suave y tiernamente. El mundo promete placer relumbrante; Jesús promete una cena tranquila ... con Dios. «Y cenaré con él».

¿Qué voz oye usted?

Déjeme decirle algo importante. No existe ningún momento en el que Jesús no esté hablando. Nunca. No existe ningún lugar en el que Jesús no esté presente. Nunca. No hay un cuarto demasiado oscuro ... ni una sala de espera demasiado sensual ... ni una oficina demasiado refinada ... donde no esté siempre presente, siempre buscando incansablemente este Amigo tierno, tocando suavemente las puertas de los corazones y esperando que le inviten a entrar.

Pocos oyen su voz. Y todavía menos abren la puerta.

Pero no interprete nuestro entumecimiento como que Él no está. Porque en medio de las promesas transitorias de placer está la promesa eterna de su presencia.

«Y he aquí yo estoy con vosotros todos los días, hasta el fin del mundo».[6]

«No te desampararé, ni te dejaré».[7]

No hay un coro de voces tan estruendosas que impida que se oiga la voz de Dios ... si en realidad queremos oírla.

Esto es verdad en este cuarto de hotel.

Me tomó unos minutos encontrarla, pero la encontré. No estaba tan visible como el anuncio de películas. Pero estaba allí. No era tan llamativa como el Libro del Mormón o la oferta de compañía fácil. Pero no cedí a estas mentiras por la paz que he encontrado en este tesoro.

Una Biblia. Una Biblia sencilla de tapa dura en la Versión *King James*. Me tomó algunos minutos encontrarla, pero la encontré. Y cuando la hallé, la abrí en uno de mis pasajes favoritos:

> Porque vendrá hora cuando todos los que están en los sepulcros oirán su voz; y los que hicieron lo bueno, saldrán a resurrección de vida; mas los que hicieron lo malo, a resurrección de condenación.[8]

Interesante. Se acerca un día en que todos oirán su voz. Se acerca un día en que todas las demás voces se silenciarán. Sólo se oirá su voz.

Algunos la oirán por primera vez. No es que nunca haya hablado, sino que ellos nunca la oyeron. Para estos, la voz de Dios será la voz de un extraño. La oirán una vez ... y nunca más. Pasarán la eternidad defendiéndose de las voces que siguieron en la tierra.

Pero otros serán levantados de sus tumbas por una voz familiar. Son ovejas que conocen a su pastor. Son siervos que abrieron la puerta cuando Jesús tocó.

Ahora se volverá a abrir la puerta. Pero esta vez no será Jesús quien entre a la casa; seremos nosotros, los que entraremos en la de Él.

10

LA FOTO Y EL ARCHIVO

CADA PRIMERO DE JUNIO TRABAJO EN MI CALENDARIO para el año siguiente. Junio es el mes del Día D. No me refiero al Día D de la invasión de Normandía. Me refiero al Día D de la toma de decisiones.

Esta mañana comencé el proceso de decidir. Abrí el «Archivo de Decisiones» y empecé a leer las invitaciones para dictar conferencias. Una persona con la misión de abrir obras nuevas en Wyoming me preguntaba si podía visitar su iglesia. Una iglesia de Washington me invitaba para que hablara en un campamento que estaban organizando. Un misionero en la India había leído mis libros y preguntaba: «Si puedo conseguir el dinero, ¿podría pasar una semana con nosotros?»

Algo ocurre cuando una persona revisa las invitaciones que recibe. Empieza a sentirse importante.

Mientras leía las cartas, me di cuenta cuán importante era para el progreso de la humanidad.

Me pregunté cómo la tierra se mantenía en su órbita antes que yo naciera. Asentí con la cabeza en entendimiento al leer: «Usted es el indicado para esta reunión». Me puse la mano en el pecho y acaricié la S en la camiseta roja: «Super Max».

Cuando terminé de leer la última carta me sentía inflado y orgulloso. Pero cuando puse el archivo a un lado, me di cuenta que había otra solicitud que no había metido en el cartapacio. Estaba sobre mi escritorio.

No tenía fecha, ni firma, ni plazo. No era una carta ni un mensaje telefónico. Era una fotografía. Una fotografía tan reciente que aún no se había enmarcado. Era una foto de una mamá y un papá rodeados de tres pequeñas niñas. Nuestra foto familiar.

La posición de la foto y el cartapacio me hizo pensar. Había algo simbólico en la forma en que inadvertidamente había colocado las cartas cerca de la foto de mi familia. La foto que parecía estar bajo la sombra de todas las invitaciones parecía susurrarme un mensaje que sólo yo podía contestar:

«Max, ¿quién ganará?»

No queda mucho tiempo en el reloj de arena. ¿Quién lo aprovechará?

Sabe de lo que estoy hablando, ¿verdad? Si usted no acumula sus compromisos hasta junio, su situación no debe ser tan complicada como la mía. Pero es absolutamente real.

«La Asociación de Padres y Maestros necesita un nuevo tesorero. Usted con su trasfondo y experiencia y talento y sabiduría y amor por los niños y su título de contador, ¡es la persona perfecta para el puesto!»

«Va a ver cierto movimiento en las posiciones. Con el retiro del gerente de sucursales, alguien va a tener que ascender a ese puesto. La empresa está buscando a un vendedor joven y brillante, alguien como usted que esté dispuesto a demostrar su entrega a la compañía haciéndose cargo de algunos proyectos adicionales ... y trabajando algunas horas en la noche».

«Discúlpeme que tenga que decírselo otra vez, pero usted es un excelente profesor de Escuela Dominical. Si pudiera quedarse un trimestre adicional ... »

«He perdido a mi higienista. ¿Quiere venir a trabajar para mí? Sé que no quiere volver a trabajar hasta que sus hijos empiecen a ir a la escuela. Pero es sólo unas horas al día y ahora hay una guardería a sólo unas cuadras de mi oficina. ¿No cree que le vendría bien un dinero extra?»

«¿Qué si quiero hacerme cargo de la presidencia de ese capítulo? Bueno, a decir verdad, tenía pensado tomarme este período de descanso porque nuestro hijo menor comienza la universidad el otoño que viene. Sí, me doy cuenta que es un año difícil para la organización ... Ah, no, no quisiera que el club sufriera por mí ... Sí, hemos hecho grandes avances en los últimos, solo que ... »

Es uno de esos juegos en que halan una cuerda por ambos lados, y usted es la cuerda.

En uno de los lados están los pedidos de su tiempo y energía. Llaman. Elogian. Todo es válido y bueno. Grandes oportunidades para hacer cosas buenas. Si fuera algo malo sería fácil decir que no. Pero no es así, por lo que es fácil racionalizar.

En el otro lado están los seres amados de su mundo. Ellos no escriben cartas. No le dicen que consulte su agenda. No ofrecen pagarle los gastos. No usan expresiones tales como «nombramiento», «involucrarse» o «almorzar». Ellos no lo necesitan por lo que puede hacer por ellos, lo necesitan por lo que usted es.

Clovis Chappell, un pastor del siglo pasado, acostumbraba contar la historia de dos barcos de ruedas. Zarparon de Memphis casi al mismo tiempo, y viajaban por el río Mississippi rumbo a Nueva Orleans. Como iban uno al lado del otro, la tripulación de uno de ellos hizo algunas bromas sobre el «paso de tortuga» del otro barco.

Se intercambiaron palabras. Se lanzaron desafíos. Y comenzó la carrera. La carrera se fue poniendo más seria a medida que los dos barcos avanzaban rumbo al sur.

De pronto, una de las embarcaciones empezó a quedarse atrás. Falla de combustible. Había suficiente carbón para el viaje, pero no suficiente para una carrera. Cuando casi se había detenido, un marinero de la empresa tomó algo de la carga y la echó a las calderas. Cuando los demás miembros de la tripulación vieron que el rendimiento era idéntico al producido por el carbón, empezaron a alimentar el barco con el material que se les había entregado para transportar. Terminaron ganando la carrera, pero quemaron la carga.

Dios nos ha entregado a nosotros también una carga que tenemos que cuidar: hijos, cónyuge, amigos. Nuestro trabajo es hacer lo que sea necesario para que esta carga llegue a su destino.

Por eso, cuando el programa tiene prioridad sobre las personas, son las personas las que a menudo sufren.

¿Cuánta carga sacrificamos para llegar a ser el número uno? ¿Cuántas personas jamás llegan a su destino debido a la agresividad de un capitán seducido por la competencia?

Un mundo de perspectivas se encuentra escondido en cuatro palabras de Mateo 14.22: «Despidió a la multitud». No se trataba de una multitud *cualquiera* la que Jesús despidió.

No eran curiosos fortuitos.

No eran espectadores casuales.

Era una multitud con una misión. Habían oído a los discípulos. Habían dejado sus casas. Habían seguido a Jesús alrededor del mar. Lo habían oído enseñar y lo habían visto sanar. Habían comido el pan. Y estaban dispuestos a hacerlo su rey.

Seguramente Jesús los reclutaría y encauzaría su delirio. Seguramente aprovecharía la oportunidad para convertir a miles. Seguramente pasaría la noche bautizando a los seguidores dispuestos. Nadie desperdiciaría una oportunidad así para ministrar a miles de personas, ¿verdad?

Jesús lo hizo.

«Él despidió a la multitud». ¿Por qué? Lea el versículo 23: «Despedida la multitud, subió al monte a orar aparte».

Dijo no a lo importante, para decir sí a lo esencial.

Dijo no a una buena oportunidad para decir sí a una oportunidad mejor. No fue una decisión egoísta. Fue una decisión deliberada para honrar las prioridades. Si Jesús decidió que era necesario decir no a las demandas de la multitud para orar, ¿no cree que usted y yo deberíamos hacer lo mismo?

«Bienaventurados los mansos»,[1] dijo Jesús. La palabra *mansos* no significa débil. Significado enfocado. Es una palabra que se usa para describir a un semental domesticado. Poder bajo control. Fuerza con una dirección.

Bienaventurados los que llevan su arnés. Bienaventurados los que reconocen las responsabilidades que Dios les ha dado. Bienaventurados los que saben que hay un solo Dios y dejaron de solicitar para esa posición. Bienaventurados los que saben qué tienen que hacer en esta tierra y se encargan de cumplir la encomienda. Bienaventurados los que son capaces de «discernir lo que es mejor».[2]

Mientras miraba la foto y el archivo decidí hacer algo. Decidí preparar una lista de lo que perdería si una noche dijera no a mi familia. No fue difícil hacerla. Sólo hice una lista de lo que me hubiera perdido si no hubiera estado con mi familia la noche anterior.

Esta semana hubiera podido estar fuera de la ciudad. Tenía una invitación para estar en una iglesia en el Medio Oeste. Rechacé la invitación. ¿Qué hubiera pasado si no lo hubiera hecho? De haber ido, hubiera tenido la atención de mil personas durante una hora. Hubiera tenido la oportunidad de hablar sobre Jesús a gente que no lo conocen. ¿Es un martes en la noche en casa con tres hijas y una esposa más importante que predicar a una audiencia, sea grande o pequeña?

Lea mi lista de lo que me hubiera perdido y luego decida.

Me hubiera perdido una visita a la piscina en la que vi a Jenna atreverse por primera vez a nadar con su salvavidas.

Me hubiera perdido quince minutos de brincos en la parte menos profunda de la piscina, con Andrea montada en mis espaldas mientras cantaba el tema de «La bella durmiente».

Me hubiera perdido ver a Denalyn ponerse sentimental mientras desempacaba una caja de ropa para bebé.

No hubiera podido salir a caminar con las niñas y disfrutar el momento en que Jenna encontró diez piedrecitas «muy especiales».

No hubiera podido estar allí para socorrer a Andrea cuando se pilló un dedito en la puerta.

No hubiera estado allí para contestar la pregunta de Jenna: «Papi, ¿qué es una persona incapacitada?»

No hubiera podido ver a Andrea reír maliciosamente al tomar la pajilla de Jenna cuando esta le volvió la espalda.

No hubiera podido oír a Jenna contar la historia de Jesús en la cruz durante nuestro devocional familiar (cuando nos aseguró: «¡Pero Él no se quedó muerto!»)

No hubiera podido ver a Andrea hacer músculo con su brazo al tiempo que cantaba: «¡Nuestro Dios es tan GRAAAANDE!»

¿Qué le parece? Yo sé cómo votaría. Hay cientos de conferenciantes que podrían hablar a esa multitud, pero mis hijas tienen sólo un papá.

Después de haber hecho mi lista, sólo por divertirme un rato, tomé el teléfono y llamé a la iglesia que me había pedido que fuera a hablarles esta semana. El pastor no estaba pero sí estaba su secretaria. «¿No fue esta la semana de su seminario?», le pregunté.

«¡Oh, sí! ¡Estuvo maravilloso!»

Ni siquiera me echaron de menos.

Ahora tengo una mejor idea de qué hacer con todas las invitaciones que recibo.

TORMENTAS DE DUDAS

11

VER A DIOS A TRAVÉS DE VIDRIOS ROTOS

HAY UNA VENTANA EN SU CORAZÓN a través de la que puede ver a Dios. Había una vez cuando esa ventana estaba limpia y transparente. La vista que tenía de Dios era lozana. Podía ver a Dios tan vívidamente como podía ver un valle apacible o la falda de un cerro. Los vidrios estaban limpios, el marco perfecto.

Usted conocía a Dios. Sabía cómo Él trabaja. Sabía lo que Él quería que usted hiciera. Sin sorpresas. Nada inesperado. Sabía que Dios tenía una voluntad y continuamente usted descubría cual era.

De pronto, esa ventana se agrietó. Una piedra la rompió. Una piedra de dolor.

Es posible que le lanzaran la piedra cuando era un niño y su papá se fue de la casa ... para siempre. O quizás su corazón recibió el impacto y se rompió en la adolescencia. O ya era un adulto cuando la ventana se hizo trizas. Cuando haya sido, la piedra llegó.

¿Habrá sido una llamada telefónica? «Su hija está detenida aquí en el cuartel de policía. Debe venir cuanto antes».

¿O habrá sido una carta encima de la mesa de la cocina? «Me fui. No trates de buscarme. Ni intentes llamarme. Todo se acabó. Ya no te quiero».

¿Habrá sido el diagnóstico del médico? «Me temo que las noticias no son buenas».

¿Habrá sido un telegrama? «Lamentamos informarle que su hijo ha sido declarado perdido en acción».

Cualquiera haya sido la forma de la piedra, el resultado fue el mismo: una ventana hecha pedazos. La piedra golpeó el panel y lo destruyó. El golpe resonó por los pasillos de su corazón. Las grietas surgieron desde el punto de impacto, creando una telaraña de piezas fragmentadas.

Y de repente Dios ya no era tan fácil de ver. La visión que había sido tan lozana había cambiado. Se volvió para ver a Dios y su figura estaba distorsionada. Era difícil verlo a través del dolor. Era difícil verlo a través de los fragmentos de su herida.

Estaba desconcertado. Dios no debería permitir que cosas así ocurran, ¿O sí? ¿Verdad que la tragedia y la farsa no estaban en la agenda de Aquel a quien usted había visto? ¿O sí? ¿Le tomaron el pelo? ¿Había estado ciego?

En el momento en que la piedra golpeó, el vidrio se transformó en un punto de referencia para usted. De ahí en adelante, hubo vida antes del dolor y vida después del dolor. Antes de su dolor, la vista era clara; Dios se veía muy cercano. Después de su dolor, bueno, fue más difícil ver. Parecía más distante ... difícil de percibir. Su dolor distorsionaba la vista. No la eclipsaba pero sí la distorsionaba.

Quizás estas palabras no describan su situación. Hay algunas personas que nunca tienen que redefinir o reenfocar su perspectiva de Dios. Muchos de nosotros tenemos que hacerlo.

La mayoría de nosotros sabemos lo que significa sentirse desilusionado de Dios.

La mayoría de nosotros sabemos cómo completar esta frase: Si Dios es Dios, entonces ...» Llámela una agenda, la descripción de un trabajo divino. Cada uno de nosotros tenemos una esperanza no dicha pero bien definida de lo que Dios debería hacer. «Si Dios es Dios, entonces ...»

- No habrá colapso financiero en mi familia.
- Nunca mis hijos serán sepultados antes que yo.
- La gente me tratará de manera justa.
- Esta iglesia nunca se dividiría.
- Mi oración será contestada.

Estos no son criterios articulados. No se han escrito ni notarizado. Pero son reales. Definen las expectativas que tenemos de Dios. Y cuando el dolor llega a nuestro mundo, cuando la piedra atormentadora rompe la ventana de nuestros corazones, estas expectativas quedan insatisfechas y las dudas empiezan a salir a la superficie.

Buscamos a Dios pero no lo podemos encontrar. Los fragmentos de vidrios impiden nuestra visión. Se agranda a través de este pedazo y se reduce a través de aquel. Las líneas se entrecruzan por su rostro. Grandes secciones de vidrio destrozado opacan la vista.

Y ahora usted no está tan seguro de lo que ve.

Tampoco los discípulos estaban seguros de lo que veían.

Jesús no satisfizo sus expectativas. El día que Jesús alimentó a cinco mil hombres no hizo lo que ellos querían que hiciera.

Los Doce regresaban de su misión seguidos por un ejército. Habían terminado su entrenamiento. Habían reclutado a los soldados. Estaban listos para la batalla. Esperaban que Jesús dejara que las multitudes lo coronaran rey y atacara la ciudad de Herodes. Esperaban planes para la batalla ... estrategias ... una nueva era para Israel.

¿Y qué lograron?

Todo lo opuesto.

En lugar de armas, tuvieron remos. En lugar de ser enviados a pelear, fueron enviados a navegar. Las multitudes fueron despedidas. Jesús se alejó. Y ellos quedaron en el mar con una tormenta formándose en el cielo.

¿Qué clase de Mesías era este?

Note cuidadosamente la secuencia de aquella tarde tormentosa tal como Mateo la describe:

> En seguida Jesús hizo a sus discípulos entrar en la barca e ir delante de él a la otra ribera, entre tanto que él despedía a la multitud. Despedida la multitud, subió al monte a orar aparte; y cuando llegó la noche, estaba allí solo. Y ya la barca estaba en medio del mar, azotada por las olas; porque el viento era contrario.[1]

Mateo es específico en cuanto al orden de los acontecimientos. Jesús envió a los discípulos al bote. Luego despidió a la multitud y subió a un monte. Era ya tarde, probablemente alrededor de las 6:00 p.m. La tormenta atacó de inmediato. El sol apenas se había puesto cuando el viento furioso empezó a rugir.

Note que Jesús mandó a los discípulos a que enfrentaran la tormenta *solos.* Aunque estaba ascendiendo al monte, podía sentir y oír la fuerza del ventarrón. Jesús no estaba ignorante de la tormenta. Estaba consciente que un torrente venía que barrería con la superficie del mar. Pero no se volvió. Los discípulos tendrían que enfrentar la tormenta ... solos.

La más grande tormenta de aquella noche no tuvo lugar en el cielo; se desarrolló en el corazón de los discípulos. El miedo mayor no fueron las olas provocadas por la tormenta sino el ver las espaldas de su líder mientras los dejaba a que enfrentaran la noche solo con preguntas como compañía.

Fue esta la furia que los discípulos estaban enfrentando aquella noche. Imagínese la increíble tensión al rebotar aquella pequeña embarcación de pesca entre ola y ola. Una hora lo cansaría. Dos horas lo dejarían exhausto.

Los discípulos pensaron, *seguramente que Jesús vendrá en nuestra ayuda.* Lo habían visto antes calmar tempestades como esta. En el mismo mar, lo habían despertado durante una tormenta y Él había ordenado a los cielos que guardaran silencio. Habían visto cómo aquietaba al viento y suavizaba las olas. *Sin duda que bajará del monte.*

Pero Él no bajó. Sus brazos comenzaron a cansarse de tanto remar. ¿Y de Jesús? Ni señas. Tres horas. Cuatro horas. Los vientos embravecidos. La nave dando tumbos. Y nada de Jesús. Se acerca la medianoche. Sus ojos tratan de ver a Dios ... en vano.

Los discípulos han estado en el mar por unas seis horas.

Todo este tiempo han estado luchando contra la tempestad y tratando de ver llegar al Maestro. Hasta aquí, la tormenta está ganando. Y el Maestro no aparece por ninguna parte.

«¿Dónde estará?», grita uno.

«¿Se habrá olvidado de nosotros?», chilla otro.

«¿Alimenta a cinco mil extraños y deja que nosotros nos muramos?» se lamenta un tercero.

El Evangelio de Marcos agrega unos comentarios interesantes sobre la actitud de los discípulos. «No habían entendido lo de los panes, por cuanto estaban endurecidos sus corazones».[2]

¿Qué quiere decir Marcos? Sencillamente esto. Los discípulos estaban furiosos. Entraron en la noche resoplando. Sus corazones se habían endurecido contra Jesús porque había alimentado a la multitud. Lo que ellos habían querido hacer, ¿lo recuerda? Había sido «despedir a la gente».[3] Y Jesús les había dicho que les dieran de comer. Pero ellos no lo habían intentado. Dijeron que era imposible. Que lo mejor era que cada uno se las arreglara como pudiera.

Recuerde también que los discípulos ya habían pasado un tiempo en el escenario central. Habían probado el estrellato. Eran celebridades. Se creían importantes. Habían reunido multitudes. Habían reclutado un ejército. Se sentían, sin duda, muy orgullosos. Con el pecho un poco inflado y las cabezas un poco crecidas, le habían dicho a Jesús: «Díles que se vayan».

Pero Jesús no lo hizo. En lugar de eso, decidió desentenderse de los discípulos renuentes y usó la fe de un niño anónimo. Lo que los discípulos dijeron que no se podía hacer, se hizo, a pesar de ellos, no a través de ellos.

Pusieron mala cara. Fruncieron el ceño. En lugar de admirarse ante el milagro, se enojaron con el Maestro. Después de todo, habían cometido el error de desvalorizar el verdadero pan diciendo que no podría hacerse. Agréguele la orden de Jesús de que subieran al bote cuando ellos querían ir a pelear y podrá entender fácilmente por qué estos hombres estaban molestos.

«¿Cuáles serán las intenciones de Jesús, dejándonos aquí, solos, en una noche como esta?»

1:00 A.M. y nada de Jesús.

2:00 A.M. y Jesús no se ve por ninguna parte.

Pedro, Andrés, Santiago y Juan han visto tempestades como esta. Son pescadores; su vida es el mar. Ellos saben de los daños que puede provocar el viento huracanado. Han visto las embarcaciones destrozadas en la playa después de una tormenta. Han estado en funerales. Saben, mejor que nadie, que esta noche podría ser la última. «¿Por qué no viene?»

Finalmente, lo ven. «Mas a la cuarta vigilia de la noche [entre 3 y 6 de la mañana], Jesús vino a ellos andando sobre el mar».[4]

Jesús vino. Finalmente vino. Pero entre el versículo 24 —azotada por las olas— y el versículo 25 —cuando Jesús apareció— los discípulos se han hecho miles de preguntas.

Preguntas que seguramente usted también se habrá hecho. Quizás sepa de la angustia de sentirse suspendido entre el versículo 24 y el 25. Quizás se encuentre en medio de una tormenta, tratando de ver una luz de esperanza en la costa. Usted sabe que Jesús está al tanto de lo que le está ocurriendo. Que está consciente de la tormenta que lo aflige. Pero por más que trate de verlo venir, no lo ve por ninguna parte. Quizás su corazón, como el corazón de los discípulos, se ha visto endurecido por expectativas insatisfechas. Sus peticiones de ayuda han estado salpicadas de preguntas hechas con rabia.

La primera sección de este libro hablaba de estrés; la segunda trata de tormentas. El estrés ataca sus nervios. Las tormentas atacan su fe. El estrés interrumpe. Las tormentas destruyen. El estrés llega como una sirena. Las tormentas llegan como un misil. El estrés oscurece el día. Las tormentas se acomodan en la noche.

La pregunta del estrés es: «*¿Cómo podré luchar?*» La pregunta de la tormenta es: «*¿Dónde* está Dios y *por qué* me hace esto?»

La segunda sección de este libro es para usted si la piedra del sufrimiento ha golpeado la ventana de su corazón, si ha conocido el horror de buscar el rostro de Dios y ver solo su espalda mientras asciende al monte.

En las páginas que siguen podrá descubrir crónicas de esperanza que le ayudarán a tratar con sus dudas. Permítame presentarle a algunos amigos que aprendieron a ver a través de los vidrios destrozados.

- Un empresario, despojado de sus tesoros, que encontró un tesoro que nadie podía quitarle.
- Un padre que aprendió a confiar durante un viaje de seis horas con tres hijos.
- Una madre superiora en Nuevo México que descubrió que la oración —su último recurso— fue su mejor recurso.
- Un leñador que enseñó a una aldea la virtud de la paciencia.
- Un hijo de Dios —exhausto y acongojado— que encontró fuerzas a través de amigos del cielo.

Algunas historias son ficción, otras son reales. Algunas son legendarias, otras son bíblicas. Algunas son cómicas, otras son serias. Pero todas tienen un mensaje para los que conocen la ansiedad de buscar a Dios en medio de una tormenta.

¿El mensaje? Cuando no lo pueda ver, confíe en Él. La figura que ve no es un fantasma. La voz que oye no es el viento.

Jesús está más cerca de lo que jamás soñó.

12

DOS PADRES, DOS FIESTAS

ANOCHE LLEVÉ A MI FAMILIA a casa de la abuelita para celebrar el Día de Acción de Gracias. A las tres horas de un viaje de seis, me di cuenta que estaba en un laboratorio de teología.

Un día con el automóvil lleno de niños le enseñará muchas cosas sobre Dios. Transportar a una familia de una ciudad a otra se parece mucho a Dios transportándonos desde nuestro hogar al suyo. Y algunas de las horas más tormentosas ocurren cuando los pasajeros y el Conductor no están de acuerdo sobre el destino.

Un viaje es un viaje, sea que el destino sea la mesa en el Día de Acción de Gracias o la mesa celestial. En ambos casos se requiere de paciencia, un buen sentido de dirección, y un conductor que sepa que la fiesta al final del viaje hace que valga la pena las peleas del viaje.

El hecho que mis peregrinos hayan sido todos menores de siete años sólo enriqueció mi experiencia de aprendizaje.

Mientras los minutos se transformaban en horas y nuestro automóvil rodaba por entre los cerros, empecé a darme cuenta que todo lo que le estaba diciendo a mis hijas tenía una tonalidad familiar. Lo había oído antes. De Dios. Y así, de repente, el automóvil se transformó en una sala de clases. Me percaté que estaba haciendo por unas cuantas horas lo que Dios ha hecho por siglos: alentar a los viajeros que preferirían descansar antes de seguir.

Compartí la idea con Denalyn. Y empezamos a descubrir similitudes entre los dos viajes. He aquí unas pocas cosas que notamos.

Para llegar a nuestro destino, tenemos que decir no a ciertas peticiones.

¿Se imagina lo que ocurriría si un padre hiciera caso a cada ocurrencia de sus hijos durante el viaje? No lograríamos digerir el helado entre una heladería y la otra. Nuestra prioridad serían las palomitas de maíz y nuestro itinerario sería como el menú en un restaurante de comida rápida. «Al llegar al Pastel de Cerezas haga una derecha. Siga hacia el norte hasta dar con Hamburguesa con Queso. Mantenga el rumbo por espacio de 1300 calorías y verá a su izquierda Pizza Gigante. Cuando llegue a dos-por-uno Emparedado Especial, tome el Expreso Pepto-Bismol hacia el este hasta dar con cinco mini supermercados. En el sexto inodoro ...»

¿Se puede imaginar el caos que se armaría si un padre accediera a cada petición de sus hijos?

¿Se puede imaginar el caos si Dios nos complaciera a cada uno de nosotros?

No es una palabra que necesariamente tenemos que llevar en cada viaje. El destino final tiene que prevalecer sobre el Super Helado de Crema y Chocolate.

«Porque Dios no nos *destinó* [énfasis del autor] a recibir el castigo, sino a alcanzar la salvación por medio de nuestro Señor Jesucristo».[1]

Note cuál es el destino de Dios para su vida. Salvación.

El deseo supremo de Dios es que usted llegue a su destino. Su itinerario incluye paradas que lo animan a seguir en el viaje. Él ve con desagrado las paradas que retardan su avance. Cuando el plan soberano de Dios y el plan terrenal de usted chocan, es necesario tomar una decisión. ¿Quién está a cargo de este viaje?

Si Dios tiene que escoger entre la satisfacción terrenal y la salvación celestial para usted, ¿qué cree que escogería?

Yo creo lo mismo.

Cuando estoy en el asiento del chofer como el padre de mis hijas, recuerdo que estoy a cargo. Pero cuando estoy sentado en el asiento del pasajero como un hijo de mi Padre, me olvido que el que está a cargo es Él. Me olvido que Dios está más preocupado de mi destino que de mi estómago (aunque mi estómago no lo hace tan mal). Y me quejo cuando Él dice que no.

Las cosas que pedían mis hijas anoche en el viaje a casa de la abuelita no eran malas. No eran injustas. Ni reflejaban rebeldía. De hecho, tomamos un par de conos de helado y Coca Colas. Pero la mayor parte de las cosas que pedían eran innecesarias.

Mi hija de cuatro años seguramente no estará de acuerdo conmigo en esto. Desde su punto de vista, otra bebida gaseosa es absolutamente indispensable para su felicidad. Sé que no es así, así que digo no.

Un adulto de cuarenta años podría argumentar esto. Desde su punto de vista, un nuevo jefe sería indispensable para su felicidad. Dios piensa lo contrario, de modo que dice no.

Una mujer de treinta años de edad podría disentir también. Desde su perspectiva, *aquel* hombre con *aquel* trabajo y *aquel* nombre es exactamente lo que necesita para ser feliz. Su Padre, que está más preocupado que llegue a su Ciudad que al altar, dice: «Espera unos pocos kilómetros. Hay una mejor opción más adelante».

«¡Esperar!» protesta ella. «¿Cuánto más tendré que esperar?»

Lo que nos lleva a una segunda similitud entre los dos viajes.

Los niños no tienen un concepto de lo que son minutos y kilómetros.

«En tres horas estaremos allí», les dije.

«¿Cuánto son tres horas?» preguntó Jenna. (¿Cómo le explica el tiempo a un niño que no sabe leer el reloj?)

«Bueno», le dije, «es como tres Plaza Sésamo».

Las hijas protestaron al unísono. «¿Tres Plaza Sésamo? ¡Entonces no va a terminar nunca!»

Así ven ellos tres horas de viaje.

Y a veces nosotros también lo vemos así.

El que «habita la eternidad»[2] se ha puesto a la cabeza de un ejército de peregrinos que refunfuñan: «¿Tan largo, Señor? ¿Hasta cuándo?»[3]

«¿Cuánto me va a durar esta enfermedad?»

«¿Hasta cuándo tendré que soportar a mi esposo (o a mi esposa)?»

«¿Hasta cuándo tendré que estar pagando esta cuenta?»

¿Realmente quiere que Dios le conteste? Él puede hacerlo, usted lo sabe. Le podría contestar en términos de aquí y ahora: «Dos años más enfermo», «El resto de tu vida de casada (o casado)», «Diez años más».

Pero Él rara vez responde así. Por lo general opta por medir el *aquí* y el *ahora* con el *allí* y *entonces*. De modo que cuando usted compara *esta* vida con *aquella* vida, esta vida le parecerá cortísima.

> Nuestros días sobre la tierra son como una sombra.[4]

> La vida del hombre es como un suspiro.[5]

> Somos como la niebla que se aparece por un poco de tiempo y luego se desvanece.[6]

> El hombre, como la hierba son sus días; florece como la flor del campo, que pasó el viento por ella, y pereció, y su lugar no la conocerá más.[7]

«Es un viaje corto», les digo a mis hijas. «Ya casi llegamos».

Yo sé lo que digo. He estado allí antes. He recorrido esta carretera. He cubierto este territorio. Para mí no es un reto. Ah, pero para ellas, es una eternidad.

Así que trato otra estrategia. «Sólo piensen en lo bien que la pasaremos», les digo. «Pavo, ensalada, pastel ... Se los prometo: cuando estemos allí, descubrirán que el viaje valió la pena».

Pero siguen quejándose.

Lo que nos lleva a la tercera similitud.

Los niños no pueden visualizar el premio.

Para mí, seis horas en auto es un precio módico por el pastel de fresas de mi mamá. No me importa el viaje porque conozco el premio. Literalmente, tengo tres décadas de días de Acción de Gracias debajo de mi cinturón. Mientras conduzco, puedo saborear el pavo. Oír las risas en la mesa. Oler el humo de la chimenea.

Puedo soportar el viaje porque conozco el destino.

Mis hijas han olvidado el destino. Después de todo, ellas son jóvenes. Los niños olvidan fácilmente. Además, el camino es extraño y la oscuridad de la noche ha llegado. No pueden ver por dónde vamos. Mi responsabilidad, como padre, es guiarlas.

Trato de ayudarlas a que vean lo que no pueden ver.

Les digo que alimentaremos los patos en el lago. Que jugaremos en los columpios. Que podrán pasar la noche con sus primos. Que podremos dormir en el piso en sacos de dormir y quedarnos despiertos hasta tarde porque no hay que ir a la escuela.

Y esto parece surtir efecto. Sus quejas disminuyen a medida que se aclara su visión. Y su destino se hace más concreto.

Quizás así era como el apóstol Pablo mantenía la motivación. Tenía una imagen clara del premio que le esperaba.

> Por tanto, no desmayamos; antes aunque este nuestro hombre exterior se va desgastando, el interior no obstante se renueva de día en día. Porque esta leve tribulación momentánea produce en nosotros un cada vez más excelente y eterno peso de gloria; no mirando las cosas que se ven, sino las que no se ven.[8]

No es fácil lograr que tres niñas menores de siete años vean una ciudad que no pueden ver. Pero es necesario.

Tampoco para nosotros es fácil ver una Ciudad que jamás hemos visto, especialmente cuando el camino es accidentado ... ya es tarde ... y nuestros compañeros quieren cancelar el viaje e irse a un hotel. No es fácil fijar nuestros ojos en lo que no se ve. Pero es necesario.

Una línea en el pasaje de 2 Corintios que usted acaba de leer me hace sonreír: «esta leve tribulación momentánea».

No la hubiera llamado así si hubiera sido el apóstol Pablo. Vea lo que él llama *leve* y *momentánea* y dígame si no tengo razón:

- Preso.
- Azotado con látigo cinco veces.
- A punto de morir.
- Azotado con vara tres veces.
- Apedreado una vez.
- Náufrago tres veces.
- Desamparado en mar abierto.
- Sin casa.
- En peligro constante.
- Hambriento y sediento.[9]

Largos y penosos sufrimientos, quizás. *Aflicciones duras y mortales*, sin duda. ¿Pero *tribulaciones leves y momentáneas*? ¿Cómo pudo Pablo referirse a pruebas interminables con esta frase?

Nos lo dice. Porque podía ver «un cada vez más excelente y eterno peso de gloria».

¿Puedo hablarle con franqueza por unas cuantas líneas?

Para algunos de ustedes, el viaje ha sido largo. Muy largo y tormentoso. De ninguna manera quiero minimizar las dificultades que han tenido al enfrentar el camino. Algunos de ustedes han tenido que llevar sobre sus hombros cargas pesadas que pocos de nosotros podríamos soportar. Han tenido que decir adiós a compañeros de toda la vida. Les han robado sueños que eran para siempre. Tienen cuerpos que son incapaces de sustentar sus espíritus. Han tenido cónyuges que no han podido tolerar su fe. Tienen deudas que superan sus ingresos y retos que sobrepasan sus fuerzas.

Y están cansados.

Les es difícil ver la Ciudad en medio de la tormenta. Los tienta la idea de allegarse al borde del camino y terminar saliéndose de él. Quieren seguir adelante, pero hay días en que el camino se encuentra demasiado largo.

Déjenme animarles con un paralelo final entre el viaje de su vida y el que hizo mi familia anoche.

Vale la pena.

Al escribir esto, ya la cena de Acción de Gracias terminó. Mis piernas están estiradas frente a la chimenea. Mi cuaderno está sobre mis rodillas.

Tengo toda la intención de dormirme una vez que termine este capítulo.

El pavo recibió ataques de todos lados. Los bocadillos desaparecieron. La mesa está limpia. Las niñas descansan. La familia está feliz.

Mientras estuvimos en la mesa, nadie habló del largo viaje. Nadie mencionó las peticiones que no complací. Nadie se quejó porque mi pie estaba en el acelerador mientras sus corazones estaban enfocados en un *banana split*. Nadie dijo nada por lo tarde que llegamos.

Los retos de ayer se perdieron en la alegría de hoy.

A eso se refería Pablo. Dios nunca dijo que el viaje sería fácil, pero sí dijo que la llegada valdría la pena.

Recuerde esto: Es posible que Dios no haga lo que usted quiere, pero sí hará lo que es correcto ... y lo que es mejor. Él es el Padre de ir adelante. Confíe en Él. Él lo llevará a casa. Y los sufrimientos del camino quedarán olvidados en la alegría de la fiesta.

Ahora, si me lo permite, voy a cerrar los ojos. Estoy un poco cansado del viaje y creo que me vendrá bien un descanso.

13

TORMENTAS DE DUDAS

HAY TORMENTAS DE NIEVE. Hay tormentas de granizos. Hay tormentas de lluvia. Y hay tormentas de dudas.

Con cierta frecuencia, una tormenta de dudas se desata en mi vida, trayendo consigo una ráfaga de preguntas y un ventarrón de miedo. Y tan pronto como llega, una luz brilla a través de ella.

A veces la tormenta llega después de las noticias vespertinas. Muchas noches me pregunto por qué las veo. A veces es demasiado. Desde las escalinatas de la Corte Suprema hasta las estepas del Asia Central, las noticias son, por lo general, lóbregas ... Treinta minutos tragando tragedias. Un apuesto caballero en un elegante traje y con una dulce voz dando malas noticias. Lo llaman el hombre ancla. Buen título. Todos necesitamos un ancla en las aguas tempestuosas de nuestros días.

A veces me pregunto: *¿Cómo nuestro mundo puede volverse tan caótico?*

A veces la tormenta se presenta cuando estoy trabajando. Historia tras historia de familias que no sanan y corazones que no se derriten. Siempre más hambre que comida. Más necesidades que dinero. Más preguntas que respuestas. Los domingos me paro frente a una iglesia con un bosquejo de tres puntos en la mano, treinta minutos en el reloj y una oración en los labios. Me esfuerzo al máximo para decir algo que convenza a un extraño que un Dios invisible aún escucha.

Y a veces me pregunto por qué tantos corazones tienen que sufrir.

¿Alguna vez ha experimentado las tormentas de dudas? Algunos no, lo sé. He hablado con usted. Algunos de ustedes tienen el optimismo «davídico» que desafía a cualquier Goliat. Acostumbraba pensar que, en el mejor de los casos, usted era un ingenuo y, en el peor, un falso.

Pero ya no pienso así.

Creo que usted es una persona talentosa. Está dotado de fe. Puede ver el arcoiris antes que las nubes. Si tiene este don, entonces brínquese este capítulo. No voy a decir nada que necesite oír.

Pero quizás otros ...

Usted se pregunta qué saben los demás que usted no sepa. Se pregunta si el ciego es usted o son los demás. Se pregunta por qué algunos gritan «¡Eureka!» antes de encontrar el oro. O «¡Tierra!» antes que se disipe la niebla. O por qué hay quienes creen con tanta confianza, mientras que usted cree de mala gana.

Como resultado, se siente un poco incómodo en el escaño acolchado de la fe ciega. Su héroe bíblico Tomás. Su segundo nombre es Precaución. Sus dudas son la ruina de cualquier maestro de Escuela Dominical.

«Si Dios es tan bueno, ¿por qué hay días en que me siento tan mal?»

«Si su mensaje es tan claro, ¿por qué me siento tan confundido?»

«Si el Padre está en control, ¿por qué gente buena tiene problemas tan grandes?»

Se pregunta si es una bendición o una maldición tener una mente que no descansa. Pero prefiere un cínico y no un hipócrita, así que continúa orando con un ojo abierto y sigue preguntándose sobre:

- niños desnutridos
- el poder de la oración
- las profundidades de la gracia
- los cristianos en la sección de cáncer

- quién es usted, después de todo, para hacer esta clase de preguntas.

Preguntas complicadas. Como para tirar la toalla. Preguntas que los discípulos deben haberse hecho en medio de la tempestad.

Todo lo que podían ver eran cielos negros mientras remaban en el estropeado bote. Nubes hechas torbellinos. Vientos levantando crestas blancas. Pesimismo que no permitía ver la orilla. Oscuridad que hundía la proa. Lo que debió ser un viaje placentero se transformó en una travesía de pesadilla por un mar de horror.

La pregunta de ellos: ¿Qué esperanzas tenemos de sobrevivir a la tormenta de esta noche?

La pregunta mía: ¿Dónde está Dios cuando su mundo está embravecido?

Tormenta de dudas: los días de turbulencia cuando el enemigo es demasiado grande, la tarea demasiado pesada, el futuro demasiado incierto, y las respuestas demasiado pocas.

Cada vez que viene una tormenta, alzo la vista al cielo ennegrecido y digo: «¡Oh, Dios, un poco de luz, por favor!»

La luz llegó para los discípulos. Una figura se acercó a ellos caminando sobre las aguas. No era lo que esperaban. Quizás esperaban que descendieran ángeles o que el cielo se abriera. Quizás estaban esperando una palabra divina que calmara la tempestad. No sabemos lo que esperaban. Pero de una cosa estamos seguros, no esperaban ver venir a Jesús caminando sobre las aguas.

«¡Un fantasma! Y dieron voces de miedo» (Mt 14.26).

Y como Jesús se presentó en una forma que ellos no esperaban, también dejaron de ver la respuesta a sus oraciones.

En cuanto a nosotros: A menos que miremos y escuchemos con atención, corremos el riesgo de cometer el mismo error. Las luces de Dios en nuestras noches de oscuridad son tan numerosas como las estrellas, si sólo las miramos.

¿Me permite compartir con usted unas pocas luces que han iluminado mi mundo recientemente?

Un amigo mío y yo nos sentamos en su auto frente a mi casa y hablamos sobre su dilema. Su cliente principal había desaparecido, dejándolo con grandes cuentas y pocas soluciones. Lo que hizo el cliente no estaba correcto, pero de todos modos lo hizo. La compañía del cliente era grande y la de mi amigo era pequeña. No había mucho que se pudiera hacer. Mi amigo quedó con una guarida de leones hambrientos que querían como satisfacción una cantidad de dinero de seis cifras.

—Llamé a mi tío y le conté lo que me había pasado. Le dije que estaba pensando declararme en bancarrota.

—¿Y qué te dijo él? —le pregunté.

—No dijo nada —me respondió.

Después que se mantuvo callado un largo rato, dije lo que él hubiera tenido que decirme.

—Nosotros no hacemos eso, ¿verdad?

—No. No lo hacemos —me dijo. Así que pagaré las cuentas. Si tengo que vender la casa, lo haré para pagar esas cuentas.

Me sentí fortalecido. Alguien todavía creía que si hacía lo que era correcto, Dios haría lo que era mejor. Todavía había alguien en el mundo con una fe del tipo nosotros-no-hacemos-eso.

El cielo empezó a aclararse.

La luz número dos vino de la sección de enfermos de cáncer.

—Mañana celebraremos cuarenta y cuatro años —dijo Jack, dándole de comer a su esposa.

Ella estaba calva. Sus ojos estaban hundidos y su voz era un susurro. Miraba fijo hacia adelante y sólo abría la boca cuando él le acercaba el tenedor. Le limpió la mejilla. Le limpió la frente.

—Ha estado enferma por cinco años —me dijo. No puede caminar. No puede valerse por sí misma. Ni siquiera puede comer sola, pero la amo. Y —alzó la voz como para que ella pudiera oírlo— vamos a derrotar esto, ¿no es así, mi amor?

Le dio de comer otro poco y habló de nuevo.

—No tenemos seguro. Cuando pude haberlo obtenido, pensé que nunca iríamos a necesitarlo. Ahora le debo a este hospital más de cincuenta mil dólares.

Guardó silencio por unos momentos y le dio algo de beber. Luego, continuó.

—Pero ellos no me molestan. Saben que no puedo pagar, pero nos admiten aquí sin hacernos preguntas. Los médicos la tratan como si fuéramos los pacientes que mejor pagamos. ¿Quién habría podido imaginarse tanta bondad?

Tuve que estar de acuerdo con él. ¿Quién se habría imaginado tanta bondad? En un sistema de salud de un mundo complicado, de alta tecnología, costoso y a menudo criticado, era tranquilizador encontrar profesionales que atendían a dos personas que no tenían nada que dar a cambio.

Jack me agradeció por haber estado con ellos un momento y yo agradecí a Dios una vez más que una fibra de luz me recordara el sol detrás de las nubes.

Entonces, unos pocos días después, otra luz.

Larry Brown es el entrenador de los Spurs de San Antonio, el equipo local de básquetbol profesional. No lo conozco personalmente (aunque corren rumores que quiere que le firme un contrato por varios años para que juegue en su equipo ... pura fantasía).

Hace poco, el entrenador Brown pasó una tarde en una tienda para hombres aquí, firmando autógrafos. Se había programado para que estuviera dos horas pero terminó pasando tres. Niños con lápiz y papel cercaron el lugar, haciéndole preguntas y estrechándole la mano.

Cuando por fin terminó con todos sus admiradores, subió a su auto sólo para ser testigo de algo que lo conmovió. Un jovencito llegó pedaleando, saltó de su bicicleta y corrió a la ventana de la tienda para ver si todavía el entrenador Brown estaba allí. Al ver que ya no estaba, se volvió triste y lentamente, se dirigió a su bicicleta y se fue caminando al lado de ella.

El entrenador Brown apagó el motor, salió de su automóvil y caminó hacia donde iba el muchachito. Hablaron unos minutos, fueron a una farmacia que estaba junto a la tienda, se sentaron y pidieron una soda.

No había periodistas. Ni cámaras. Hasta donde ellos sabían, nadie se había percatado de su presencia. Estoy seguro que Larry Brown tenía otras cosas que hacer aquella tarde. Sin duda, otras citas que atender. Pero de lo que estoy seguro es que para él, nada de lo que pudo haber hecho aquella tarde era tan importante como lo que hizo.

En un mundo donde los deportes profesionales mueven millones, me dio gusto escuchar de un entrenador que sigue siendo un entrenador de corazón. Saber lo que hizo fue suficiente para hacer desaparecer cualquiera nube persistente de duda y me dejó conmovido por la luz de Dios ... su luz apacible.

Luces apacibles. Las soluciones de Dios para las tormentas de duda. Los suaves destellos de Dios iluminan esa esperanza ámbar en la oscuridad. Nada de rayos. Nada de explosiones de luz. Sólo luces suaves. Un hombre de negocios decide ser honesto. Un hospital decide ser compasivo. Una celebridad decide ser amable.

Evidencia visible de la mano invisible.

Dulces recordatorios de que el optimismo no es sólo para los necios.

Curioso. Ninguna de las cosas que ocurrieron fueron «religiosas». Ninguno de los encuentros ocurrieron en una ceremonia o en un servicio en la iglesia. Ninguno llegó a ocupar un espacio en el noticiero de las seis de la tarde.

Pero así ocurre con las luces apacibles.

Cuando los discípulos vieron a Jesús aquella noche en medio de la tormenta, pensaron que era un fantasma. Una aparición. Una alucinación. Para ellos, aquel brillo era cualquiera cosa menos Dios.

Cuando vemos luces suaves en el horizonte, a menudo tenemos la misma reacción. Para nosotros se trata de apariciones, accidentes o anomalías. Cualquiera cosa menos Dios.

«Cuando Jesús llegue», los discípulos en el bote deben de haber pensado, «dividirá el cielo. El mar se tranquilizará. Las nubes se dispersarán».

«Cuando Dios llegue», pensamos los incrédulos. «todo dolor se irá. La vida será tranquila. No quedarán más preguntas por hacer».

Y como buscamos la fogata, nos perdemos la vela. Como esperamos oír el estruendo, pasamos por alto el susurro.

Pero es en esas velas pulidas que viene Dios, y habla a través de promesas susurrantes: «Cuando dudes, mira a tu alrededor; estoy más cerca de lo que piensas».

14

EL MILAGRO DEL CARPINTERO

NO ES POR ACCIDENTE QUE A NUEVO MÉXICO se le llame la «Tierra del Encanto». Extensos desiertos cubiertos de salvia. Montañas púrpura coronadas con nubes. Viviendas de adobe ocultas en las faldas de los cerros. Pinos majestuosos. Artesanía sin fin. Un cruce de culturas desde el conquistador hasta el comanche hasta el vaquero. Nuevo México es encantador.

Y en esta tierra del encanto, hay una capilla que es una maravilla.

Una cuadra al sur del hotel La Fonda en Santa Fe, en la esquina de Water Street y Old Santa Fe Trail, encontrará la iglesia Capilla Loreto. Al trasponer sus puertas de hierro, habrá entrado a algo más que el patio de una capilla. Habrá entrado a otra era. Deténgase un momento bajo las amplias ramas de los viejos árboles. Imagínese cómo sería cuando los carpinteros mexicanos terminaron la capilla en 1878.

¿Puede ver a los pobladores pisando en las calles de barro? ¿Puede oír a los burros rebuznando? ¿Y puede ver el sol de la mañana iluminando esta capilla gótica —tan sencilla, tan espléndida— recostada contra el telón de fondo de los cerros del desierto?

Se necesitaron cinco años para terminar la Capilla Loreto. Usaron el modelo de la *Sainte-Chapelle* de París. Su delicado santuario tiene un altar, una ventana circular calada y una desván para el coro.

Esta desván para el coro es la razón para que sea maravillosa.

Si hubiera podido pararse en 1878 a mirar la recién construida capilla, hubiera visto a las Hermanas de Loreto mirando con total desamparo hacia el balcón. Todo estaba terminado: las puertas colocadas, los bancos en su lugar y el piso instalado. Todo terminado. Excepto por una cosa. No había escaleras.

La capilla era demasiado pequeña para acomodar una escalera convencional. Los mejores constructores y diseñadores de la región movían la cabeza cuando se les consultaba. «Imposible», decían. Sencillamente no había espacio para la escalera. Una escalera de mano serviría, pero afearía el ambiente.

Las Hermanas de Loreto, cuya determinación las había llevado desde Kentucky a Santa Fe, se enfrentaban ahora a un reto más grande que su viaje: una escalera que no era posible construir.

Lo que habían soñado y lo que podían hacer estaba separado por quince imposibles pies.

¿Qué hicieron entonces? La única cosa que podían hacer. Subieron la montaña. No las altas montañas cerca de Santa Fe. No. Ascendieron una aún más alta. Subieron la misma montaña que subió Jesús 1800 años antes en Betsaida. La montaña de la oración.

«Subió al monte a orar aparte».[1]

Jesús enfrentaba una tarea imposible. Más de cinco mil personas estaban listas para librar una batalla que Él no había venido a pelear. ¿Cómo podía hacerles entender que Él no había venido para ser un rey, sino para ser un sacrificio? ¿Cómo podía sacar su mirada del plano terrenal para que pudieran ver uno espiritual? ¿Cómo podía hacer que vieran lo eterno cuando tenían sólo ojos para lo temporal?

Lo que Jesús había soñado hacer y lo que estaba en capacidad de hacer parecían separados por un golfo imposible. Así que Jesús oró.

No sabemos qué ni cómo oró. Pero tengo algunas ideas:

- Oró porque los ojos cegados por el poder pudieran ver la verdad de Dios.
- Oró para que los discípulos, mareados por el éxito, pudieran soportar el fracaso.
- Oró para que los líderes que anhelaban poder pudieran seguirlo hasta la cruz.
- Oró para que la gente que deseaba el pan para el cuerpo tuviera hambre del pan para el alma.

Oró para que ocurriera lo imposible.

O quizás yo esté equivocado. Quizás no pidió nada. Quizás sólo permaneció en silencio en la presencia de la Presencia y se reconfortó al calor de su Majestad. Quizás puso su abatido yo ante el trono y descansó.

Quizás levantó su cabeza por encima de la confusión de la tierra el tiempo suficiente como para oír la solución del cielo. Quizás se le recordó que los corazones duros no molestan al Padre. Que la gente problemática no perturba al Eterno.

No sabemos lo que hizo o lo que dijo. Pero conocemos el resultado. La montaña se transformó en un escalón; la tormenta en un sendero. Y los discípulos vieron a Jesús en una forma como nunca antes lo habían visto.

Durante la tormenta, Jesús oró. Los cielos se oscurecieron. El viento aulló. Pero Él oró. La gente se quejó. Los discípulos dudaron. Pero Él oró. Cuando se vio forzado a escoger entre los músculos de los hombres y la montaña de oración, Él oró.

Jesús no intentó hacerlo Él mismo. ¿Por qué lo intenta usted?

Hay brechas en su vida que usted no puede cruzar solo. Hay corazones en su mundo que no puede cambiar sin ayuda. Hay montañas que no puede ascender sino hasta que ascienda Su montaña.

Súbala. Se maravillará.

Así les pasó a las Hermanas de Loreto.

Las monjas oraron durante nueve días. En el último día de la novena, un carpintero mexicano barbudo y con el rostro quemado por el viento se presentó en el convento. Les dijo que había oído que necesitaban una escalera para el desván del coro. Él creía que podía ayudar.

Como no tenían nada que perder, la madre superiora dio el permiso.

El carpintero empezó a trabajar utilizando herramientas toscas, esmerada paciencia y una habilidad extraña. Trabajó durante ocho meses.

Una mañana, las Hermanas de Loreto entraron a la capilla para ver que sus oraciones habían sido contestadas. Una obra maestra de carpintería salía en forma de espiral desde el piso y ascendía hasta el desván. Dos vueltas completas de trescientos sesenta grados. Treinta y tres peldaños unidos entre sí por piezas de madera. No había soporte central. Se dice que la madera era de una variedad durísima de abeto, ¡que no existe en Nuevo México!

Cuando las hermanas se volvieron para agradecer al artesano, se había ido. Nunca más se le volvió a ver. Nunca pidió paga alguna. Nunca reclamó reconocimiento. Fue un carpintero sencillo que hizo lo que nadie más había podido hacer, para que los coristas pudieran ascender al desván del coro y cantar.

Si quiere, puede ver la escalera usted mismo. Viaje hasta la tierra del Encanto. Entre a esta capilla maravillosa y sea testigo del fruto de la oración.

O, si prefiere, hable con el Maestro Carpintero. Él ya ha realizado una hazaña imposible en su mundo. Él, como el carpintero de Santa Fe, construyó una escalera que nadie más podía construir. Él, como el carpintero anónimo, usó material de otro lugar. Él, como el visitante en Loreto, vino a cubrir la brecha entre donde usted está y donde usted desea estar.

Cada año de su vida es un escalón. Treinta y tres pasos. Cada peldaño de la escalera es una oración contestada. Él la construyó para que usted la pueda ascender.

Y cantar.

15

LA SABIDURÍA DEL LEÑADOR

¿COMPRARÍA UNA CASA SI sólo hubiera tenido oportunidad de ver uno de los cuartos? ¿Compraría un automóvil si sólo se le permitiera examinar las ruedas y las luces traseras? ¿Emitiría un juicio sobre un libro luego de leer sólo el primer párrafo?

Yo tampoco lo haría.

Un buen juicio requiere una visión completa. Esto no sólo aplica al comprar una casa, un automóvil o un libro. Es válido cuando se trata de evaluar la vida. Un fracaso no hace de una persona un fracasado; un éxito no hace exitosa a una persona.

«Mejor es el fin del negocio que su principio»,[1] escribió el sabio.

«Sufridos en la tribulación»,[2] apunta el apóstol Pablo.

«No juzgues una frase por una palabra», dijo el leñador.

¿El leñador? Ah, quizás no lo conoce. Permítame presentárselo.

Lo conocí en Brasil. Me lo presentó un amigo que sabía que yo necesitaba paciencia. Denalyn y yo estábamos en Brasil y habían pasado seis meses de una asignación de cinco años, y yo estaba frustrado. Mi fascinación con Río de Janeiro se había transformado en exasperación con palabras que no podía pronunciar y una cultura que no entendía.

«Tenha paciência», me decía María. «Sólo tenga paciencia». María era mi instructora en portugués. Pero, más que eso, era una voz apacible en medio de una tormenta ruidosa. Con persistencia maternal, corregía mi pronunciación y me ayudaba a aprender a querer a su tierra.

Una vez, en medio de una semana de frustraciones tratando de sacar nuestras pertenencias de la aduana (que al final tardó tres meses), me dio esta historia como una asignación para la casa. Me ayudó mucho más con mi actitud que con mi portugués.

Es una fábula sencilla. Sin embargo, para los que acostumbramos emitir juicios sobre la vida con sólo la evidencia de un día, el mensaje es profundo. No he hecho nada para adornarla; sólo la traduje. Espero que le ayude a recordar, como ocurrió conmigo, que la paciencia es el valor más grande.

Había un anciano que vivía en una pequeña aldea. Aunque pobre, era envidiado por todos porque era dueño de un hermoso caballo blanco. Hasta el rey codiciaba su tesoro. Nunca antes se había visto un caballo como ese, tal era su esplendor, majestuosidad y fuerza.

La gente le ofrecía sumas fabulosas por el caballo, pero el anciano rechazaba todas las ofertas. «Para mí este caballo no es un caballo», les decía. «Es una persona. ¿Cómo podría vender a una persona? Es un amigo, no una posesión. ¿Cómo podría vender a un amigo?» El hombre era pobre y la tentación era grande. Pero nunca vendió su caballo.

Una mañana descubrió que el caballo no estaba en el establo. Todo el pueblo vino a verlo. «Viejo tonto», le decían, «te dijimos que alguien te robaría tu caballo. Te advertimos que eso podía ocurrir. Eres tan pobre. ¿Cómo podías pretender proteger a un animal tan valioso? Hubiera sido mejor venderlo. Te hubieran pagado el precio que quisieras. Ninguna suma hubiera sido demasiado alta. Ahora ya no tienes el caballo y te ha caído la maldición de la mala suerte».

El viejo respondió: «No hablen tan pronto. Digan solamente que el caballo no está en el establo. Es todo lo que sabemos; el resto es juicio. Si he sido maldito o no, ¿cómo pueden saberlo? ¿Cómo pueden juzgarlo?»

La gente contestó: «¡No quieras hacernos pasar por tontos! Quizás no seamos filósofos, pero no se necesita mucha filosofía. El simple hecho que tu caballo se haya ido ya es una maldición».

El anciano volvió a hablar: «Todo lo que sé es que el establo está vacío, y que el caballo se ha ido. El resto no lo sé. Que sea una maldición o una bendición, no lo podría decir. Todo lo que vemos es un fragmento. ¿Quién puede decir lo que ocurrirá después de esto?»

La gente del pueblo se rió. Pensaban que el anciano estaba loco. Siempre lo habían creído; si no lo era, hubiera vendido el caballo y vivido del dinero de la venta. En cambio, era un pobre leñador, un viejo que seguía cortando leña, sacándola del bosque y vendiéndola. Vivía en la miseria más extrema. Con esto, había probado que, sin duda, estaba loco.

Después de quince días, el caballo volvió. No se lo habían robado; simplemente se había escapado al bosque. No sólo había regresado, sino que trajo una docena de magníficos caballos salvajes con él. De nuevo la gente del pueblo se reunió alrededor del leñador y dijo: «Anciano, tenías razón y nosotros estábamos equivocados. Lo que creíamos que era una maldición, resultó ser una bendición. Perdónanos».

El hombre respondió: «De nuevo, ustedes van demasiado lejos. Digan sólo que el caballo volvió. Que una docena de caballos volvió con él, pero no emitan juicio. ¿Cómo pueden saber si esto es una bendición o no? Ustedes ven sólo un fragmento. ¿Cómo pueden juzgar si no conocen toda la historia? Han leído sólo una página del libro.

¿Cómo pueden juzgar el libro completo? Han leído sólo una palabra de una frase. ¿Cómo pueden entender la frase completa?

»La vida es tan inmensa, y ustedes juzgan la vida entera con una página o una palabra. ¡Todo lo que tienen es un fragmento! No digan que esto es una bendición. Nadie lo sabe. Estoy contento con lo que sé. No me perturba lo que no sé».

«Tal vez el anciano tiene razón», decían entre ellos. Así que hablaron poco. Pero bien adentro, creían que el anciano estaba equivocado. Sabían que era una bendición. Doce caballos habían regresado con uno. Con un poco de esfuerzo, los animales podrían ser amaestrados, entrenados y vendidos por mucho dinero.

El anciano tenía un hijo, un solo hijo. El joven empezó a entrenar a los caballos salvajes. Después de unos pocos días, se cayó de uno de los caballos y se rompió ambas piernas. De nuevo los aldeanos se reunieron alrededor del anciano y emitieron sus juicios.

«Tenías razón», le dijeron. «Has probado que tenías razón. La docena de caballos no fueron una bendición. Eran una maldición. Tu único hijo se ha quebrado ambas piernas y ahora tú, a tu edad, no tienes a nadie que te ayude. Estás peor que antes».

El anciano les dijo: «Ustedes están obsesionados con emitir juicios. No lo hagan. Digan solamente que mi hijo se quebró las piernas. ¿Quién puede saber si esto es una bendición o una maldición? Imposible saberlo. Sólo tenemos un fragmento. La vida viene en fragmentos».

Acontenció que unas pocas semanas después, el país se enfrascó en una guerra contra un país vecino. Todos los jóvenes de la aldea fueron reclutados para ir a pelear. Sólo excluyeron al hijo del anciano porque tenía sus piernas quebradas. De nuevo la gente se reunió alrededor del anciano, llorando y lamentándose que sus hijos habían sido mandados a la guerra. Había pocas probabilidades que volvieran con vida. El enemigo era fuerte y la guerra podría terminar en una amarga derrota. Nunca volverían a ver a sus hijos.

«Tenías razón, anciano», le dijeron. «Dios sabe que tenías razón. Esto lo prueba. El accidente de tu hijo fue una bendición. Sus piernas están rotas, pero a lo menos él está contigo. Nuestros hijos se han ido para siempre».

El anciano se expresó otra vez: «Es imposible hablar con ustedes. Siempre están llegando a conclusiones. Nadie sabe. Digan sólo esto: Sus hijos tuvieron que ir a la guerra, y el mío no. Nadie sabe si esto es una bendición o una maldición. Nadie es tan sabio como para saberlo. Sólo Dios lo sabe».

El viejo tenía razón. Sólo tenemos un fragmento. Los contratiempos y los horrores de la vida son solamente una página de un gran libro. Debemos ser lentos en llegar a conclusiones. Debemos reservar el juicio sobre las tormentas de la vida hasta que conozcamos la historia completa.

No sé dónde aprendió su paciencia el leñador. Quizás de otro leñador de Galilea. Porque fue el Carpintero quien lo explicó mejor:

«No os afaneis por el día de mañana, porque el día de mañana traerá su afán».[3]

Él lo sabía, Él es el Autor de nuestra historia. Y Él ya ha escrito el capítulo final.

16

LEYES DEL FARO

EL PRIMER DÍA DEL AÑO se conoce por tres cosas: guisantes con pimienta, juegos de fútbol americano y listas. Algunos no comen guisantes con pimienta. Otros odian el fútbol. Pero a todos les gustan las listas.

Las listas nos dan seguridad. Nos confortan. Nos hacen pensar que este caos loco, estridente y desdichado del universo puede controlarse y domesticarse dentro de la jaula de una pequeña columna. Hacer una lista es entender, resolver, e incluso controlar. Por tal motivo no podemos resistirnos a la urgencia, al final del año, de producir nuestras listas así como Washington, D.C. produce documentos.

Hacemos una lista de las mejores películas ... de los mejores libros ... de los peor vestidos ... de los más usados ... de los más impopulares ... de los más misteriosos ... de los mejor pagados. Aplaudimos lo bueno. Satirizamos lo malo. Y reducimos el año a listas, listas interminables.

Aunque el día de Año Nuevo figura en el tope de la lista de los días en que se producen más listas, el resto del año no se queda atrás.

- Su lista de comestibles hace más manejable sus viajes al supermercado.
- Es probable que su calendario tenga un espacio de «cosas para hacer», donde usted organiza y enumera las cosas que le gustaría hacer pero que probablemente no hará.
- Su programa de estudios le dice qué libros comprar.

- Su itinerario le dice qué avión tomar.
- Su agenda telefónica le dice qué números marcar.

En la Biblia también tiene su buen número de listas. Moisés bajó del monte con una. Noé tiene que haber usado una cuando cargó el arca. Jesús dio una lista de principios en el Sermón del Monte. (Pablo dio su versión en Romanos 12.) Mateo y Lucas hicieron una lista de la genealogía de Jesús. Juan hizo una lista de los esplendores del cielo.

Hay listas de los dones del Espíritu. Lista de los buenos y los malos frutos. Listas de saludos. Hasta el bote de los discípulos entró en acción al enlistarse en la tormenta del Mar de Galilea. (Si esto le causa risa, tengo una lista de juegos de palabras que le gustaría ver.)

Pero el día ganador en lo que a listas se refiere, sigue siendo el día de Año Nuevo. Y la lista número uno es la lista que llamo Leyes del Faro.

La lista de las Leyes del Faro contiene verdades inmutables e inamovibles. Los candidatos para este inventario sólo califican si tienen características de faro:

- Le previenen de un peligro potencial.
- Le muestran el puerto seguro.
- Son más fuertes que la tempestad.
- Brillan más en la niebla.

Las Leyes del Faro contienen más que buenas ideas, preferencias personales y opiniones sinceras. Son verdades dadas por Dios y probadas en el tiempo que definen la forma en que usted debe conducir su vida. Obsérvelas y disfrutará de un viaje seguro. Ignórelas y se estrellará contra las duras rocas de la realidad.

En *Procedimientos del Instituto Naval de los Estados Unidos,* la revista del Instituto Naval, Frank Koch ilustra la importancia de obedecer las Leyes del Faro.[1]

> Dos barcos de guerra asignados al escuadrón de entrenamiento llevaban varios días en maniobras en medio de un mar embravecido. Yo servía en el barco líder y un día me encontraba observando en el puente mientras caía la noche. La visibilidad era mala debido a la presencia de una neblina irregular, por lo que el capitán se quedó en el puente supervisando todas las actividades.
>
> Poco después de oscurecer, el vigía informó:
>
> —Luces por la popa, a estribor.
>
> —¿Están fijas o se mueven hacia la popa? —gritó el capitán.
>
> —¡Fijas, capitán! —respondió el vigía, lo que significaba que estábamos en un peligroso curso de colisión con la otra nave.
>
> El capitán, entonces, llamó al hombre de las señales: «Indíquele a ese barco: "Estamos en el curso de una colisión. Cambie su curso veinte grados».
>
> La señal de respuesta dijo: «¡Le sugiero que cambie usted veinte grados!»
>
> El capitán dijo: «¡Dígales: "Les habla el capitán. Cambien el curso veinte grados"!»
>
> La respuesta que llegó decía: «¡Soy un marinero de segunda! ¡Creo que haría bien en cambiar su curso veinte grados!»
>
> El capitán estaba furioso. Gritó otra vez: «¡Dígales: "Soy un barco de guerra. Cambien su curso veinte grados"!»
>
> Llegó la respuesta: «¡Y yo soy un faro!»
>
> Cambiamos de curso.

Inteligente movimiento. El sabio capitán cambió la dirección de su barco según la señal del faro. Una persona sabia hace lo mismo.

He aquí las luces que busco y las señales que sigo:

- Ame a Dios más de lo que le teme al infierno.
- Una vez a la semana deje que su hijo(a) lo lleve a una caminata.
- Tome sus decisiones más importantes en un cementerio.
- Cuando nadie lo esté mirando, viva como si lo estuvieran.
- Que su primer éxito sea su hogar.
- No gaste hoy el dinero que ganará mañana.
- Si se enoja una vez, ore dos veces.
- Si habla una vez, escuche dos veces.
- Sólo guarde rencor cuando vea que Dios lo hace primero.
- Nunca deje de maravillarse por las puestas de sol.
- Trate a las personas como ángeles; conocerá a algunos y ayudará a hacer otros.
- Es más sabio errar hacia el lado de la generosidad que hacia el lado de la crítica.
- Dios lo ha perdonado a usted; sería sabio hacer lo mismo.
- Cuando no pueda ver la mano de Dios, intente ver su corazón.
- Toque su propia trompeta y las notas sonarán aburridas.
- No se sienta culpable por la bondad de Dios.
- El libro de la vida se vive en capítulos, así que conozca su número de página.
- Nunca deje que lo importante sea víctima de lo trivial.
- Viva su liturgia.

En resumen:

La vida es como un viaje en goleta: Disfrute el paisaje. Explore la embarcación. Entable amistad con el capitán. Pesque un poco. Y luego bájese cuando llegue a casa.

17

ÉL HABLA A TRAVÉS DE LA TORMENTA

YA HABÍA OÍDO DE TI, pero ahora te he visto.[1] Todo sucedió en un día. Un día podía escoger jugar golf en los clubes más exclusivos de la nación; al día siguiente ni siquiera podía hacer de *caddie*. Un día podía viajar en su avión privado para ver la pelea de boxeo de los pesos completos en Las Vegas Mirage. Al siguiente, ni siquiera podía pagar un bus que lo llevara al centro de la ciudad.

Estamos hablando de calma que se convierte en caos ...

La primera cosa en perder es su imperio. El mercado se derrumba; sus activos caen estrepitosamente. Lo que es líquido se seca. Lo que iba para arriba ahora va abajo. Las acciones pierden su valor y Job está arruinado. Se sienta en su silla de piel ante su escritorio de fina madera que pronto será subastado, y suena el teléfono que le anuncia la calamidad número dos:

Los chicos estaban en un hotel para pasar los días festivos y llegó una tormenta que los mató.

Lleno de pánico y horrorizado, Job mira por la ventana para ver que el cielo se oscurece gradual y rápidamente. Empieza a orar, diciéndole a Dios que las cosas no pueden ir peor ... y eso es exactamente lo que ocurre. Siente un dolor en el pecho que es mucho más que una indigestión por los raviolis de anoche. Lo próximo que recuerda es que lo están metiendo en una ambulancia con cables conectados a su cuerpo y agujas insertadas en los brazos.

Termina conectado a una máquina que monitorea el funcionamiento del corazón en el cuarto de un hospital comunitario. Al lado de él yace un inmigrante ilegal que no sabe una palabra de inglés.

A Job, sin embargo, no le falta con quien conversar. Primero, está su esposa. ¿Quién puede culparla por estar enojada por las calamidades de la semana? ¿Quién puede culparla por decirle a Job que maldiga a Dios? Pero, ¿maldecir a Dios *y morirse*? Si hasta ahora Job no se había sentido abandonado, imagínese cómo se siente ahora que su esposa le dice que se desconecte de la máquina y termine con todo.

Luego, están sus amigos. Parecen sargentos al lado de la cama y tienen la compasión de un asesino con una sierra eléctrica recién activada. Una versión revisada de su teología podría leerse así: «¡Muchacho, tienes que haber hecho algo realmente malo! Sabemos que Dios es bueno, pero si te han sobrevenido cosas malas, tiene que ser porque te has portado mal. Punto».

¿Ayudan a Job aquellas palabras? ¡Difícil!

«Ustedes son doctores que no saben lo que están diciendo», les dice. «¡Por favor, callénse. Eso es lo más sabio que pueden hacer»[2]

¿Traducción? «¿Por qué no se llevan su filosofía barata al chiquero de donde la sacaron?»

«No soy un hombre malo», les dice Job. «Pago mis impuestos. Soy un colaborador activo en causas humanitarias. Soy un importante contribuyente del Ejército de Salvación y sirvo como voluntario en el bazar del hospital».

Job es, según su percepción, un hombre bueno. Y un hombre bueno, en su criterio, merece que lo traten bien.

«Estás sufriendo para tu beneficio», le dice Eliú, un joven ministro recién salido del seminario que no ha vivido lo suficiente como para ser cínico y no ha sufrido aun lo bastante como para quedarse callado. Se pasea por el cuarto del hospital, con su Biblia debajo del brazo y su dedo apuntando al aire.

«Dios hace todas estas cosas a un hombre —dos veces y hasta tres— para sacar su alma del hoyo y la luz de la vida le pueda iluminar de nuevo».[3]

Job lo sigue con la mirada como cuando usted sigue un partido de tenis, la cabeza yendo de un lado al otro. Lo que el joven dice no es teología mala, pero tampoco ayuda mucho. Job comienza a ignorarlo poco a poco y se va escondiendo debajo de las sábanas. Le duele la cabeza. Le arden los ojos. No soporta el dolor en las piernas. No está para más homilías sin sentido.

Sin embargo, su pregunta sigue sin recibir respuesta: «Dios, ¿por qué me está ocurriendo esto a mí?»

Entonces, Dios habla.

En el trueno, Él habla. En el cielo, Él habla. A todos los que pondríamos comillas a las preguntas de Job y cambiaríamos su nombre por el nuestro, Él habla.

- Para el padre que sostiene una rosa que tomó del ataúd de su hijo, Él habla.
- Para la esposa que recoge la bandera del féretro de su esposo, Él habla.
- Para la pareja con el vientre estéril y las oraciones fervientes, Él habla.
- Para cualquiera que haya tratado de ver a Dios a través de los vidrios rotos, Él habla.
- Para todos los que en algún momento nos hemos sentido tentados a decir: «Si Dios es Dios, entonces ...», Dios habla.

Él habla fuera y dentro de la tormenta, porque ahí es donde está Job. Allí es donde se escucha mejor a Dios.

La voz de Dios retumba en el cuarto. Eliú se sienta. Job se incorpora. Y ninguna de los dos volverá a ser el mismo.

«¿Quién es el que oscurece mi consejo con palabras sin sabiduría?»[4]

Job no responde.

«Ahora ciñe como varón tus lomos; yo te preguntaré, y tú me contestarás».[5]

«¿Donde estabas tú cuando puse los fundamentos de la tierra? Dímelo, si tanto sabes».[6]

Una pregunta hubiera sido suficiente para Job, pero no para Dios.

«¿Sabes tú como fueron determinadas sus dimensiones y quién hizo la investigación?» pregunta Dios. «¿Qué es lo que sostiene sus fundamentos y quien puso la piedra angular, como cuando las estrellas de la mañana cantaban juntas y todos los ángeles gritaban de gozo?»[7]

Las preguntas siguen. Caen como cortinas de lluvia. Rocian las cámaras del corazón de Job con soledad y belleza y terror y dejan a cualquier Job que haya vivido, empapado y sin habla, viendo al Maestro redefinir quién es quién en el universo.

> ¿Has mandado alguna vez a la mañana que aparezca, o has hecho que amanezca por el este? ¿Has dicho alguna vez a la luz del día que se derrame hasta los confines de la tierra para que ponga fin a la perversidad de la noche?[8]

Las preguntas de Dios no tienen la intención de enseñar; tienen la intención de conmocionar. No tienen la intención de iluminar; tienen la intención de hacer despertar. No tienen la intención de agitar la mente; tienen la intención de hacer doblar las rodillas.

> ¿Te han sido reveladas las puertas de la Muerte? ¿Te das cuenta de la amplitud de la tierra? ¡Dímelo si lo sabes! ¿De dónde viene la luz, y cómo llegas a ella? O háblame de las tinieblas. ¿De dónde vienen? ¿Puedes llegar a descubrir sus límites o ir a sus fuentes? ¡Por supuesto que conoces todo esto! ¡Porque naciste antes que todo esto fuera creado, y tienes mucha experiencia![9]

Finalmente, la débil mano de Job se levanta y Dios se detiene lo suficiente como para que él responda. «No soy nada, ¿cómo podría encontrar las respuestas? Mejor me tapo la boca y guardo silencio. Ya he dicho demasiado».[10]

El mensaje de Dios ha dado en el blanco:

- Job es un campesino, diciéndole al Rey cómo debe gobernar su reino.
- Job es un analfabeto, diciéndole a un doctor en idiomas cómo escribir los pronombres personales.
- Job es el carga bates, diciéndole a Babe Ruth que cambie su posición para batear.
- Job es el barro, diciéndole al alfarero que no presione tan duro.

«No le debo nada a nadie », declara Dios en el crescendo del viento. «Todo lo que hay debado del cielo es mío».[11]

Job no podía argüir. Dios no le debe nada a nadie. Ni explicaciones, ni excusas, ni ayuda. Dios no tiene deudas, ni cuentas por pagar ni favores que devolver. Dios no le debe nada al hombre.

Lo que hace más asombroso el hecho que Él nos dio todo.

Es clave la forma en que usted interprete esta presentación santa. Usted puede interpretar, si quiere, el reiterativo mensaje de Dios como una andanada divina lanzada a la cara. Puede usar la lista de preguntas no contestadas para probar que Dios es duro, cruel y distante. Puede usar el libro de Job como evidencia que Dios nos da preguntas pero no respuestas. Pero si quiere hacerlo, necesitará unas tijeras. Porque necesitará cortar el resto del libro de Job.

Porque eso no fue lo que Job oyó. Toda su vida Job había sido un hombre bueno. Toda su vida había creído en Dios. Toda su vida había discutido sobre Dios, tenía nociones acerca de Él y había orado a Él.

¡Pero en la tormenta, Job lo vio!

Vio la Esperanza. Al Amante. Al Destructor. Al Poseedor. Al Soñador. Al Liberador.

Job ve la tierna ira de un Dios cuyo amor sin fin es a menudo recibido con particular desconfianza. Job se alza como una brizna de yerba contra el esplendor del fuego consumidor de Dios. Las demandas de Job se funden como cera al Dios descorrer la cortina y la luz del cielo cubre, sin eclipses, toda la tierra.

Job ve a Dios.

En este punto, Dios pudo haberse alejado. El mazo había caído y el veredicto había sido dado. El Juez Eterno había hablado.

Ah, pero Dios no está enojado con Job. ¿Firme? Sí. ¿Directo? Sin duda. ¿Claro y convincente? Absolutamente. ¿Pero enojado? No.

Dios nunca se irrita por la luz que despide la lámpara de uno que le busca sinceramente.

Si usted quiere subrayar un pasaje en el libro de Job, debe subrayar este: «De oídas te había oído; mas ahora mis ojos te ven».[12]

Job ve a Dios, y eso es suficiente.

Pero no es suficiente para Dios.

Los años que siguen encuentran de nuevo a Job sentado ante su escritorio de caoba con la salud restaurada y las ganancias creciendo. Sus rodillas están otra vez llenas de hijos y nietos y bisnietos ¡de cuatro generaciones!

Si Job alguna vez se cuestiona por qué Dios no le devuelve los hijos que le quitó, no lo pregunta. Quizás no lo hace porque sabe que sus hijos nunca podrían estar más felices que en la presencia de Aquel a quien ha visto tan brevemente.

Algo me dice que Job estaría dispuesto a pasar de nuevo por todo lo que pasó si eso era lo que hacía falta para oír la voz de Dios y estar en su presencia. Aun si Dios lo dejara con sus llagas y sus cuentas, Job lo haría de nuevo.

Porque Dios le dio más de lo que Job jamás soñó. Dios se dio a sí mismo.

18

REFLEXIONES DE UN PEREGRINO

Seis días después, Jesús tomó a Pedro, a Jacobo y a Juan su hermano, y los llevó aparte a un monte alto; y se transfiguró delante de ellos, y resplandeció su rostro como el sol, y sus vestidos se hicieron blancos como la luz. Y he aquí les aparecieron Moisés y Elías, hablando con él.

Entonces Pedro dijo a Jesús: Señor, bueno es para nosotros que estemos aquí; si quieres, hagamos aquí tres enramadas: una para ti, otra para Moisés, y otra para Elías. Mientras él aun hablaba, una nube de luz los cubrió; y he aquí una voz desde la nube, que decía: Este es mi hijo amado, en quien tengo complacencia, a él oíd.[1]

LA JOVEN MUJER, CON OCHO MESES de embarazo, entra moviéndose con dificultad a la casa de su madre. Se deja caer en el sofá. Se quita los zapatos. Alza sus piernas y sube los pies sobre la mesita de té. Se queja: «¡No creo que pueda con esto!»

Con la sabiduría que dan los años, su madre busca un álbum de fotografías y se sienta al lado de su hija. Abre el álbum donde aparecen sus hijos en pañales y caminando con zapatos de tacón alto. Lentamente van pasando las páginas llenas de recuerdos. Sonríen viendo a los niños apagando las velas y sentados frente a los árboles de Navidad.

Así como la madre se ve ayer, la hija se ve hoy.

Y, sólo por un momento, la hija cambia. El *aquí y ahora* se transforma en el *allí y entonces.* Su hijo ha nacido. Lo ve dar su primer paso tambaleante. Oye su primera palabra, que sólo mamá es capaz de entender. Le pone los lustrosos zapatos de cuero negro en sus pies y una cinta en su cabecita casi sin pelo, pero hermosa de todas maneras.

Se produce una transformación. El dolor de la espalda ahora es superado por el gozo que la inunda. La mano con la que ha estado sobándose el cuello descansa ahora sobre su estómago. Por primera vez en el día, sonríe.

Tormenta de nieve en Chicago. El aeropuerto O'Hare está paralizado. No hay dónde sentarse, de modo que se dirige a la cafetería, compra un café para llevar, regresa a la sala de espera, se sienta en su maletín y extiende el abrigo sobre sus piernas.

Mira su reloj. *Quizás debería irme a un hotel a pasar la noche*, piensa. *¡Casi es medianoche! A estas horas estaría a mitad de camino a casa. ¿Quién sabe cuándo podré partir?*

Suspira, apoya la espalda contra la pared, y espera. Se desabotona el cuello de la camisa. Se suelta la corbata. Se restriega la barbilla sin rasurar. Sus pensamientos lo llevan a la semana que ha pasado. Muchas llamadas. Pocos pedidos. Culpa a la situación de la economía. Culpa al sistema. Culpa a Dios. Pero el culpar a todo el mundo no le pone dinero en el banco.

Hay un salón para ejecutivos al otro lado del pasillo con sillones desocupados, bocadillos y un televisor. En tiempos mejores, habría podido aspirar a una membresía en ese club exclusivo; ahora ese dinero se va en los estudios y demás gastos de los hijos.

Se anuncia la salida de un vuelo. Saca del bolsillo de su abrigo el pase de abordar. No es su vuelo. Devuelve el pase al bolsillo que sigue sobre sus rodillas. Cae del bolsillo una agenda de cuero. La recoge y, sin pensarlo, la abre.

Allí, entremezclada con recibos de taximetros y tarjetas de crédito, está la foto laminada de una familia, su familia. Su hija adolescente con ojos como los de su mamá y su sonrisa pura. Su hijo, vestido como estudiante pre universitario, usa corbata y mahones. Está a medio camino entre la adolescencia y la edad adulta. Y su esposa. ¿Han pasado ya veinticinco años? Quitándole unas pocas arrugas y unas cuantas libras, la puede ver de nuevo con su vestido blanco.

Por un momento, está en casa. El televisor apagado. Los niños en cama. El perro afuera. Las puertas aseguradas. El fuego color oro. Su esposa está dormida en el sofá. Por solo un momento, el mundo de O'Hare, hoteles, y las bajas ventas están a un siglo de distancia. Él está allí donde todo vale la pena. Está en casa.

Alguien le golpea el hombro mientras escucha una voz amistosa. «¿No es ese su vuelo?» Alza la vista y mira a través del pasillo ... ve una línea formándose ante la puerta de abordar ... y sonríe.

«Sí», dice el vendedor, poniéndose de pie. «Es mi vuelo a casa».

Cuatro personas suben la montaña. El viaje ha sido largo; ya es tarde. Llegan a un sitio donde pueden descansar, y se sientan. Están cansados. Les duelen los músculos. El tono gris del atardecer cae sobre ellos como un suave manto.

El cuarteto de peregrinos desea dormir, pero sólo tres de ellos lo logran.

El cuarto permanece sentado en las sombras. Piernas cruzadas. Rostro al cielo. Las estrellas hacen guiños a su Creador. El viento sopla sobre los hombros de su Diseñador, refrescándole el cuello. Se ha quitado las sandalias y se restriega sus pies cansados mientras reflexiona en el estado salvaje de todo aquello.

¿Un Dios con pies cansados? ¿La santidad con hambre? ¿La divinidad con sed? ¿El Hacedor del Universo cansado por su mundo?

Sus pensamientos se dirigen a casa. *Nazaret. ¡Qué lindo sería estar en casa otra vez!*

Los recuerdos surgen con toda facilidad. El aserrín cubriendo el banco de carpintería. Amigos que se detienen a conversar. Risas durante la cena. Peleas con sus hermanos. La sinagoga. La casa. El hogar.

¡Qué no daría por volver a casa!

Pero Nazaret nunca más será su hogar. La última vez que estuvo allí, trataron de matarlo. Vecinos, amigos, maestros, compañeros ... lanzaron las piedras que apuntaban a su cuerpo. Hasta sus hermanos y hermanas creyeron que estaba loco. Querían esconderlo, echarlo de allí. Les avergonzaba que supieran que eran su familia.

No, Nazaret nunca más sería su hogar.

¿Y Galilea? Podría volver a Galilea. Allí la gente lo escuchaba. Y lo seguían. Pero movió la cabeza. *Mientras les daba pan para comer ... Mientras les decía lo que querían oír ...* Recordó a las multitudes como se iban. Podía oír sus burlas. Sentía su rechazo.

No, nunca más podría volver a Galilea.

Piensa en Jerusalén. No ofrece comodidades. Él sabe lo que hará esta ciudad. Un presentimiento doloroso apuñala sus muñecas. Se estremece mientras frunce el ceño. Ve que el mundo que lo rodea se pone más y más oscuro ... *¡Oh, Dios!* Gime dentro de él un presentimiento.

Mueve la cabeza y respira profundo. Sus pensamientos vuelven al presente.

Arranca un puñado de pasto, se lo lleva a la boca y se sienta a la sombra de su miedo.

Mira a sus seguidores, tan dormidos como ingenuos. No tienen idea. No pueden entender. Él habla de sufrimientos; ellos piensan en conquistas. Él habla de sacrificio; ellos piensan en celebración. Él es un artista pintando para gente que no sabe distinguir los colores. Es un cantante cantando para el sordo. Mueven sus cabezas y aplauden. Ellos creen que ven. Creen que oyen. Pero ni ven ni oyen.

No pueden ver. Ninguno de ellos ve.

Parte de él sabía que sería así. Y parte de él nunca supo que sería tan malo.

Parte de él se pregunta: *¿Será tan malo como para darse por vencido?* Después de todo, puede que haya una mejor época. Otras generaciones ... otra gente.

Él ha dado lo mejor ¿y qué tiene? Una partida de seguidores confusos bien intencionados pero testarudos destinados a caer de cara sobre las promesas que no son capaces de cumplir. Pone la cabeza entre sus manos, cierra los ojos y ora. Es todo lo que sabe hacer.

¿No le suena familiar a usted, buscador? ¿Fue hace mucho tiempo que andaba buscando la verdad: Galaad en busca del Santo Grial? Pero el bosque de preguntas era profundo. La espesura de las confusiones muy densa. Era más fácil no decir nada que preguntar por qué. Así es que se detuvo.

¿Acaso le suena esto familiar, soñador? Quería con tantas ansias cambiar el mundo. Sin duda que la montaña era alta, pero usted era valiente. Entonces empezó a soplar el viento. Afiladas rocas de realidad hirieron sus pies, interrumpiendo el ritmo de su caminar ... y rompiendo, además, su corazón. Y así se dio cuenta que el papel de cínico era menos costoso que el de soñador. De modo que se sentó.

Usted necesita saber algo: Jesús también se sentó.

Por supuesto, hubo momentos en que se mantuvo erguido. Hubo horas de esplendor. Días dinámicos en los que leprosos brincaron, la muerte volvió a la vida y la gente adoró. Hubo de esos días.

Pero sus mesetas de popularidad fueron tragadas por los cañones de soledad.

Y en días como estos, la grieta es profunda. Los muros escarpados impiden una salida fácil. Los linderos rocosos limitan su visión. Sus fuerzas han alcanzado su solsticio.

Se sienta y pone su rostro acongojado en sus manos que, juntas, forman un cuenco, y ora. Es todo lo que puede hacer.

Y cuando su Padre lo ve, no puede soportar más.

De otra dimensión, llega una luz. Entra en la figura solitaria y brilla.

«Mientras estaba orando», escribe Lucas, «la apariencia de su rostro cambió, y sus ropas se hicieron tan brillantes como la luz de un relámpago».[2]

Jesús irradia gloria. Por sólo un momento, se transfigura; un rugiente resplandor sale de él. Tiene la apariencia que tenía antes de venir. Por un breve y luminoso momento, se le libera de su carga de humanidad. Ocurre la «desencarnación». Es elevado más allá del horizonte de la tierra y escoltado a la eternidad. Está en casa de nuevo. Sonidos familiares le rodean. Los que entienden le dan la bienvenida. Y Aquel que lo envió ... lo recibe.

Los caminos polvorientos y los corazones endurecidos están, literalmente, a un mundo de distancia.

Se recuerda a Aquel que se sintió cansado: pronto el pasará cansancio.

Moisés y Elías, radiantes con túnicas eternas, permanecen de pie junto a su Rey. Cuando Jesús se estaba preparando en el desierto para la obra de vida, vinieron ángeles para darle ánimo. Ahora, en el monte, preparándose para la obra de muerte, Moisés y Elías permanecen cerca: Moisés, el de la Ley, cuya tumba ningún ser humano conoce; Elías, el profeta que eludió la muerte en un carro de fuego.

Se recuerda a Aquel que vio la muerte: el sepulcro es impotente.

Y entonces, retumba la voz. Dios revela su presencia en una nube. Se transforma en una hoguera muy brillante. Se traga las sombras. Transforma el monte oscuro en un monumento iluminado. Y desde el vientre de la nube, habla el Padre:

«Este es mi Hijo, a quien Yo amo; con Él yo me siento complacido. Escúchenlo!»[3]

Aquel que estaba desesperado es afirmado. «Lo que la gente piense no importa», exclama Dios. «Lo que Yo piense es lo que importa. Y Yo estoy orgulloso».

Jesús está ahora de pie. Los apóstoles han despertado.

Para Pedro, Jacobo y Juan, la escena es extraña: nubes de un blanco deslumbrante, una voz que viene del cielo, imágenes vivientes del pasado. Pero para Jesús, es una visión del hogar. Una visión del ayer. Un vistazo al mañana.

Él es la madre, preñada con una nueva vida, sufriendo los dolores del parto.

Él es el padre, en un largo viaje en un lugar frío.

Él está ¯cómo ellos estuvieron, como nosotros estamos¯ echando un vistazo al hogar.

Y el sueño de mañana se transforma en el ánimo de hoy.

19

NUESTRA TORMENTA FUE SU SENDERO

*S*UPONGA QUE UNO DE LOS DISCÍPULOS *de Jesús llevara un diario. Y suponga que ese discípulo escribió algo la mañana que siguió a la tormenta. Y suponga que descubrimos ese diario. Esto es lo que leeríamos ... Supongo.*

Sólo unos minutos antes, surgió el caos.

¡Cómo rugía la tormenta! Las estrellas estaban escondidas detrás de un cielo negro. Las nubes parecían humo. Los relámpagos eran la batuta del director que daba las órdenes a los timbales de trueno para que retumbaran.

¡Y cómo retumbaban! Las nubes parecían osos erguidos en sus patas traseras y gruñendo. El sonido de los truenos hacía que todo se estremeciera: los cielos, la tierra, y, especialmente, el mar. Era como si el mar de Galilea fuera un tazón en las manos de un gigante danzarín. Desde las entrañas del lago salían las ondas, transformando la superficie de espejo en una montaña oscilante de olas cubiertas de espuma. Cinco, diez y aun quince pies se alzaban en el aire, subiendo y bajando como si estuvieran cazando mosquitos.

En el medio del mar, nuestro bote rebotaba. Las olas le daban manotazos con la misma facilidad con la que un niño se las daría a una pelota. Nuestro esfuerzo con los remos apenas lo movían. Estábamos a merced de la tormenta. Las olas nos elevaban tan alto que nos parecía que estábamos suspendidos en el aire. Y luego caíamos a un valle de agua.

Éramos una ramita en un torbellino ... una hoja en el viento. Todo era inútil.

Entonces fue cuando vimos la luz. Al principio, pensé que era un reflejo de la luna, un destello en la superficie de las aguas. Pero esa noche no había luna. Volví a fijarme. La luz se movía en dirección a nosotros, no sobre las olas sino a través de ellas. Y yo no era el único que la veía.

«Un fantasma», gritó alguien. Un nuevo terror eclipsó el miedo al mar. Los pensamientos iban y venían a medida que el espectro se acercaba. *¿Era producto de nuestra imaginación? ¿Una visión? ¿Quién? ¿Cómo? ¿Qué era esta luz misteriosa que parecía tan ...?*

Un relámpago iluminó el cielo. Por un segundo pude ver su rostro ... el rostro de Él. Un segundo fue todo lo que necesité.

¡Era el Maestro!

Habló:

«¡Valor! Soy yo. No tengan miedo».[1]

Nada había cambiado. Aún rugía la tormenta. El viento seguía chillando. El bote todavía se bamboleaba. Pero en medio del tumulto, pude oír su voz. Aunque todavía estaba lejos, fue como si estuviera a mi lado. La noche era feroz, pero Él habló como si el mar estuviera en calma y el cielo en silencio.

Y, no sé cómo, me volvió el valor.

«Señor, si eres tú ... dime que vaya a ti andando sobre el agua».[2]

La voz era la de Pedro. No estaba alardeando. No estaba pidiendo una prueba. Estaba asustado. Como yo, él sabía lo que podía hacer esta tormenta. Sabía que de un momento a otro el bote podía hundirse. Sabía que Jesús estaba allí, parado. Y sabía dónde quería estar ... dónde todos queríamos estar.

«Ven», le dijo Jesús.

Entonces Pedro salió del bote y empezó a caminar por el mar. Ante él se abría un sendero a través del bosque de ondas. Caminó rápido. El agua salpicaba. Pero él se mantuvo caminando. Este sendero hacia Jesús era una cinta de calma. Paz. Serenidad.

Al final del sendero, Jesús irradiaba luz. Y sonreía.

Pedro se dirigía a la luz como si fuera su última esperanza. Estaba a mitad de camino cuando oímos el trueno. Estalló, y él se detuvo. Vi cómo volvía la cabeza. Miró arriba, al cielo. A las nubes. Sintió el viento. Y empezó a hundirse.

¡Y cómo gritó!

Y una mano surgió de entre las aguas y lo aguantó. Los relámpagos volvieron a brillar y pude ver el rostro de Jesús. Vi que la sonrisa había desaparecido. El dolor cubría su rostro. Era como si no pudiera creer que no podíamos creer. El peligro para nosotros era sólo un desvío para él. Quise preguntarle: «¿No tienes miedo, Jesús? ¿No tienes miedo?»

Pero no dije nada. Antes que me diera cuenta, estaba en el bote con nosotros.

El mar parecía una taza de leche.

Los vientos se calmaron.

Se hizo una abertura en las nubes. La suave luz de la luna brilló de nuevo sobre el agua.

Ocurrió en forma instantánea. No tomó el resto de la noche. Ni siquiera una hora. Ni un minuto. Ocurrió en un abrir y cerrar de ojos.

Del caos a la calma. Del pánico a la paz. El cielo estaba tan repentinamente silencioso que podía oír los latidos de mi corazón. Pensé que estaba soñando. Luego vi los ojos bien abiertos de los demás y sentí mis ropas pegadas al cuerpo. No estaba soñando. Miré el agua. Miré a Pedro. Miré a los demás. Y lo miré a Él.

E hice la única cosa que podía hacer. Con las estrellas como mis velas y el bote en calma como mi altar, caí a sus pies y lo adoré.

Hay momentos en la vida de la gente cuando, aún en medio de ellos, sabes que nunca más volverá a ser igual. Momentos que sirven como marcas en el camino para siempre. Este fue uno de esos.

Nunca había visto a Jesús como lo vi anoche. Lo había visto como poderoso. Lo había visto como sabio. Había sido testigo de su autoridad y me había maravillado con sus habilidades. Pero lo que vi anoche, sé que jamás lo olvidaré.

Vi a Dios. El Dios que no puede sentarse tranquilo cuando la tormenda es demasiado fuerte. El Dios que deja que me asuste lo suficiente como para sentir que lo necesito y luego se acerca lo suficiente para que lo vea. El Dios que usa mis tormentas como un sendero para venir a mí.

Vi a Dios. Se necesitó una tormenta para que lo viera. Pero lo vi. Y nunca volveré a ser el mismo.

20

LO VOLVERÍAN A HACER

Lo volverían a hacer. Estoy seguro que lo harían de nuevo. Los discípulos subirían al mismo bote y navegarían en medio de la misma tormenta. Lo volverían a hacer en un latido del corazón. ¿Por qué?

Porque a través de la tormenta vieron al Salvador.

Lea este versículo: «Entonces todos los que estaban en el bote lo adoraron, diciendo: Verdaderamente tú eres el Hijo de Dios».[1]

Después de la tormenta, ellos lo adoraron. Como grupo, nunca antes lo habían hecho. Nunca. Compruébelo. Abra su Biblia. Busque otra ocasión en que los discípulos, como grupo, lo adoraron.

No la va a encontrar.

No los va a encontrar adorándolo cuando sana al leproso. Cuando perdona a la adúltera. Cuando predica a las masas. Ellos estaban dispuestos a seguirlo. A dejar a sus familias. A echar fuera demonios. A formar un ejército.

Pero sólo después del incidente en el mar, lo adoraron. ¿Por qué?

Sencillo. Esta vez, ellos eran los que habían sido salvados. Esta vez, había sido el cuello de ellos el que había sido librado del lazo corredizo. Sus cuerpos habían sido arrancados de las profundidades. En un minuto, se encontraban justo al borde del abismo, mirando dentro de la garganta de la inerte quijada del cañón. Al siguiente, se encontraban fuera del abismo y con los ojos bien abiertos sobre la cubierta de un bote tranquilo en un mar apacible.

Así que adoraron. Hicieron la única cosa que podían hacer cuando su sentencia de muerte fue suspendida en la hora undécima: alzaron la vista al Gobernador Eterno que dio el perdón y le agradecieron.

Cuando usted reconozca a Dios como Creador, lo va a admirar. Cuando reconozca su sabiduría, aprenderá de Él. Cuando descubra su fuerza, descansará en Él. Pero solo cuando lo salve, lo adorará.

Este es un escenario tipo «antes y después». Antes de su rescate, usted podía fácilmente mantener a Dios a distancia. Cómodamente separado. Pulcramente engavetado. Sin duda que Él era importante, pero importante era también su carrera. Su estatus. Su salario. Estaba bien arriba en su lista de prioridades, pero compartía el lugar con varios otros.

Y entonces vino la tormenta ... la furia ... la lucha ... el soltar las amarras ... la noche sin estrellas. La desesperación cayó como niebla; perdió la orientación. En su corazón sabía que no había salida.

¿Buscar socorro en su carrera? Sólo si quiere esconderse de la tormenta ... no escapar de ella. ¿Descansar en su estatus para recuperar las fuerzas? Una tormenta no se deja impresionar por sus títulos. ¿Confiar en su salario para que lo rescate? Muchos lo intentan ... muchos fracasan.

Se da cuenta que sólo tiene una opción: Dios.

Y cuando usted pide ... pide genuinamente ... Él viene.

Y desde ese momento en adelante, Él no será sólo una Deidad a la que puede admirar, un profesor al que puede seguir, o un jefe al que puede obedecer. Él es el Salvador. El Salvador para ser adorado.

Por esto estoy convencido que los discípulos lo harían otra vez. Ellos soportarían la tormenta otra noche ... mil noches más ... si hiciera falta.

Una temporada de sufrimientos es un precio pequeño a pagar por una visión clara de Dios.

EL AGUIJÓN DEL FRACASO

21

CASTILLOS DE TRISTEZA

Sara era rica. Había heredado veinte millones de dólares. Y además, tenía un ingreso adicional de mil dólares diarios.

Ese es un montón de dinero en cualquier época, pero era una suma inmensa a finales del siglo XIX.

Sara era bien conocida. Era la beldad de New Haven, Connecticut. Ningún evento social estaba completo si ella faltaba. Nadie hacía una fiesta sin invitarla.

Sara tenía poder. Su nombre y su dinero podían abrir casi cualquiera puerta en los Estados Unidos. Las universidades buscaban sus donaciones. Los políticos clamaban su apoyo. Las organizaciones corrían tras su respaldo.

Sara era rica. Bien conocida. Poderosa. Y miserable.

Su única hija había muerto a las cinco semanas de nacida. Luego, también murió su esposo. Se quedó sola con su nombre, su dinero, sus recuerdos ... y su sentimiento de culpa.

Fue ese sentimiento el que la hizo mudarse al oeste. Una pasión por hacer una penitencia la llevó a San José, California. Su pasado mantenía preso a su presente, y ella anhelaba ser libre.

Se compró una casa de campo de ocho cuartos en una propiedad de ciento sesenta acres. Contrató a dieciséis carpinteros y los puso a trabajar. Durante los siguiente treinta y ocho años, los carpinteros trabajaron día tras día, veinticuatro horas al día, para construir una mansión.

La gente que sabía del proyecto se sentía intrigada. Las instrucciones de Sara eran más que excéntricas ... eran misteriosas.

El diseño tenía un toque macabro. Cada ventana tenía que tener trece vidrios, cada pared trece paneles, cada ropero trece ganchos y cada candelabro, trece esferas.

El piso era terriblemente sádico. Los corredores serpenteaban al azar, y algunos de ellos no llevaban a ninguna parte. Una puerta se abría a una pared sin nada, mientras que otra conducía a un precipicio de dieciocho metros. Una escalera llevaba a un desván que no tenía puerta. Escotillas. Pasadizos secretos. Túneles. Esta no era la casa en la que Sara pensaba vivir en el futuro; era un castillo para su pasado.

La construcción de esta misteriosa mansión sólo terminó cuando Sara murió. La propiedad terminada se extendía en seis acres de terreno, tenía seis cocinas, trece baños, cuarenta escaleras, cuarenta y siete chimeneas, cincuenta y dos tragaluces, cuatrocientas sesenta y siete puertas, diez mil ventanas, ciento sesenta cuartos y un campanario.

¿Para qué querría Sara un castillo así? ¿No vivía sola? Bueno, «algo así» contestarían quienes estaban familiarizados con su historia. «Estaban los visitantes ...»

Y los visitantes venían todas las noches.

Dice la leyenda que cada día a la medianoche, un criado recorría el laberinto secreto que conducía al campanario. Hacía sonar las campanas para reunir a los espíritus. Sara, entonces, entraba en el «salón azul», un cuarto reservado para ella y sus visitantes nocturnos. Allí permanecían juntos hasta las dos de la mañana, hora en que las campanas volvían a tocar. Sara entonces regresaba a sus aposentos y los fantasmas volvían a sus tumbas.

¿Quiénes formaban esa legión de fantasmas?

Indios y soldados muertos en la guerra civil. Habían muerto por las balas que salían del rifle más popular de los Estados Unidos: el Winchester. Lo que le había producido millones de dólares a Sara Winchester, había producido la muerte de ellos.

Así, ella pasó el resto de su vida en un castillo de remordimientos, una especie de hogar para los muertos.

Si usted lo desea, puede visitar este lugar de fantasmas en San José, California y recorrer lo que queda de él.

Pero para ver lo que un remordimiento puede hacer en una persona no tiene que ir a la mansión de Winchester. En su ciudad hay personas con vidas presas de un sentimiento de culpa. En su vecindario hay personas cuyos corazones viven atormentados por el fracaso. Por las calles, o los salones, caminan muchas personas atormentadas.

Hay, escribió Pablo, una «tristeza del mundo» que «produce muerte».[1] Un sentimiento de culpa que mata. Una tristeza que es fatal. Un remordimiento maligno que es mortal.

¿Cuántas Sara Winchester conoce? ¿Cuán lejos tiene que ir para encontrar una alma atrapada por fantasmas del pasado? Seguramente no mucho.

Quizás la historia de Sara sea su historia personal.

Si ese es el caso, me siento especialmente agradecido que este libro haya llegado a sus manos. Esta sección final ha sido escrita teniéndolo a usted en mente. En estos capítulos finales, he incluido pensamientos sobre el fracaso y el perdón.

Porque en las horas de penumbra durante la noche oscura de la tempestad, hay una historia de gracia.

Es la historia de Pedro: reconoce la voz del Maestro ... ve el rostro del Maestro ... busca seguridad en medio de la tormenta.

Hay también otra historia de Pedro: oye el silbido del viento ... ve la lluvia torrencial ... se hunde en el mar.

Pero, sobre todo, está la historia de Jesús. Es la historia de Dios extendiendo sus manos en medio del mar tormentoso. Es la respuesta a la pregunta que cada persona se hace: «¿Qué hace Dios cuando le fallo?»

Las respuestas a preguntas de culpabilidad no se encuentran en una nueva casa.

La respuesta se encuentra en el fundamento de la que ya tiene.

22

MIEDO QUE SE TRANSFORMA EN FE

«Vieron a Jesús que andaba sobre el mar ... y tuvieron miedo».[1]

A MENUDO, LA FE es hija del miedo.

El miedo empujó a Pedro fuera del bote. Él ya antes había estado sobre estas olas. Sabía lo que esta clase de tormentas podía hacer. Había oído las historias. Había visto los naufragios. Conocía a las viudas. Sabía que la tormenta podía matar. Y quiso escapar de ella.

Durante toda la noche había querido salir de allí. Por nueve horas había sujetado las velas, luchado con los remos y escudriñado cada sombra en el horizonte en busca de alguna esperanza. Estaba empapado hasta el alma y cansado hasta el último hueso a causa del lamento del viento.

Mire a Pedro a los ojos y no verá a un hombre de convicción. Examine su rostro y no verá una mueca que denote audacia. Más tarde, lo encontrará. Verá su valor en el jardín. Será testigo de su devoción en Pentecostés. Verá su fe en sus epístolas.

Pero no esta noche. Mírelo a los ojos esta noche y verá miedo; el miedo sofocante de un hombre que no encuentra una salida.

Pero de este miedo nacería un acto de fe, pues la fe es a menudo hija del miedo.

«El temor del Señor es el principio de la sabiduría»,[2] escribió el sabio.

Pedro pudo haber sido la ilustración de su sermón.

¿Cree que si Pedro hubiera visto a Jesús caminando sobre unas aguas tranquilas en un día de calma hubiera caminado hasta Él?

Yo tampoco.

Si el lago hubiera sido una suave alfombra y el viaje placentero, ¿cree que Pedro le hubiera rogado a Jesús que le diera un paseo caminando sobre las aguas? Dudoso.

Pero ponga a un hombre ante la disyuntiva de una muerte segura y una acción desesperada, y él optará por la acción desesperada ... siempre.

Es muy difícil que los grandes actos de fe nazcan de una situación en calma.

No fue la lógica la que hizo que Moisés alzara su vara a la orilla del Mar Rojo.[3]

No fue una investigación médica lo que convenció a Naamán sumergirse siete veces en el río.[4]

No fue el sentido común el que hizo que Pablo abandonara la Ley y abrazara la gracia.[5]

Y no fue un comité confiado el que oró en un cuartito en Jerusalén para que Pedro fuera liberado de la prisión.[6] Fueron creyentes temerosos, desesperados y que estaban contra la pared. Fue una iglesia sin opciones. Una congregación sin ninguna posibilidad de ayuda.

Y nunca fueron más fuertes que entonces.

Al comienzo de todo acto de fe hay con frecuencia una semilla de miedo.

Las biografías de discípulos valerosos comienzan con capítulos de miedo sincero. Miedo a la muerte. Miedo al fracaso. Miedo a la soledad. Miedo a una vida desperdiciada. Miedo de no lllegar a conocer a Dios.

La fe comienza cuando ve a Dios en el monte y usted está en el valle y sabe que está demasiado débil para subirlo. Se da cuenta de lo que necesita ... se da cuenta de lo que tiene ... y lo que tiene no alcanza para conseguir nada.

Pedro había hecho el máximo esfuerzo. Pero eso no había sido suficiente.

Moisés tenía enfrente al mar y atrás al enemigo. Los israelitas podían nadar o pelear. Pero ninguna de las dos opciones era suficiente.

Naamán había intentado la medicina y consultado adivinos. Viajar una larga travesía para sumergirse en un río lodoso tenía poco sentido cuando en su país había ríos de agua cristalina. ¿Pero qué alternativa tenía?

Pablo era un experto en la Ley. Conocía el sistema al revés y al derecho. Pero le bastó echarle un vistazo a Dios para convencerse que los sacrificios y los símbolos no eran suficientes.

La iglesia de Jerusalén sabía que no tenía esperanza de sacar a Pedro de la cárcel. Tenían cristianos que pelearían, pero eran muy pocos. Tenían influencia, pero era muy poca. No necesitaban de la fuerza. Necesitaban un milagro.

Lo mismo ocurre con Pedro. Está consciente de dos cosas: el se está hundiendo y Jesús se mantiene a flote. Estaba claro de qué lado quería estar.

No hay nada errado en esta reacción. La fe que comienza con el miedo llevará más cerca del Padre.

En cierta ocasión tuve que ir al oeste de Texas para predicar en el funeral de un buen amigo de la familia. Había criado cinco hijos. Uno de ellos, Paul, me contó una vieja historia relacionada con su padre.

Era primavera y época de tornados en el oeste de Texas. Por ese tiempo, Paul tendría unos tres o cuatro años pero recuerda vívidamente el día en que un tornado pasó por su pueblo.

Su padre llevó a sus hijos dentro de la casa, los hizo tirarse en el piso y puso sobre ellos un colchón. Pero él buscó protección. Paul recuerda haber levantado un poco el colchón y haber visto a su padre de pie ante una ventana abierta, mirando la nube en forma de embudo girando y agitándose a través de la pradera.

Cuando Paul vio a su padre, supo dónde quería estar. Se soltó de los brazos de su madre, salió de debajo del colchón y corrió para abrazar a una de las piernas de su papá.

«Algo me dijo», recordó Paul, «que el lugar más seguro para protegerme de la tormenta era cerca de mi padre».

Algo le dijo a Pedro la misma cosa.

Pedro dice: «Señor, si eres tú, di que vaya a ti caminando sobre las aguas».[7]

Pedro no está probando a Jesús; le está suplicando. Dar un paso sobre un mar embravecido no es cuestión de lógica; es un acto de desesperación.

Pedro se sostiene del borde del bote. Saca las piernas ... una después de la otra. Da varios pasos. Es como si hubiera un arrecife invisible debajo de sus pies. Y al final del cordón de rocas está el rostro luminoso de un amigo que significa vida.

¿No hacemos nosotros lo mismo? Venimos a Cristo en una hora de profunda necesidad. Abandonamos el bote de buenas obras. Nos damos cuenta, como Moisés, que la fuerza humana no nos va a salvar. De manera que, desesperados, dirigimos la mirada a Dios. Nos damos cuenta, como Pablo, que todas las buenas acciones en el mundo son insignificantes cuando se ponen ante el Perfecto. Nos damos cuenta, como Pedro, que la brecha que hay entre nosotros y Jesús es demasiado grande para nuestros pies. Así es que clamamos por ayuda. Oímos su voz. Y echamos a andar por fe, con la esperanza de que nuestra pequeña fe sea suficiente.

La fe no nace en la mesa de negociaciones donde canjeamos nuestros dones por la bondad de Dios. La fe no es un premio que se otorga al que aprende más. No es un premio que se da al más disciplinado. No es un título legado al más religioso.

La fe es una zambullida desesperada desde el bote de los esfuerzos que se hunde y una oración de que Dios estará allí para sacarnos del agua. En la carta a los Efesios, Pablo escribió sobre esta clase de fe:

«Porque es por gracia que han sido salvos, mediante la fe, y esto no es de ustedes, es el don de Dios, no por obras, para que nadie pueda jactarse».[8]

Pablo es claro. La fuerza suprema en la salvación es la gracia de Dios. No nuestras obras. Ni nuestros talentos. Ni nuestros sentimientos. Ni nuestras fuerzas.

La salvación es la presencia repentina y tranquilizadora de Dios durante los mares tormentosos de nuestras vidas. Oímos su voz; damos el paso.

Nosotros, como Pablo, estamos conscientes de dos hechos: nosotros nos hundimos y Dios se mantiene a flote. Entonces tratamos de sobrevivir como sea. Nos decidimos. Abandonamos el *Titanic* de nuestro fariseísmo y nos paramos firmes en el sendero sólido de la gracia de Dios.

Y, sorprendentemente, podemos caminar sobre el agua. Se desarma la muerte. Los fracasos pueden recibir perdón. La vida tiene un verdadero propósito. Y Dios no sólo está al alcance de la vista, sino que es posible llegar a Él.

Nos acercamos con pasos preciosos aunque vacilantes. Por una temporada de fuerza sorprendente, nos mantenemos en sus promesas. No tiene sentido que podamos hacer esto. No reclamamos ser dignos de un regalo tan asombroso.

Cuando la gente nos pregunta cómo podemos mantenernos firmes en esos tiempos de tormentas, no nos jactamos. No fanfarroneamos. Señalamos sin vacilación a Aquel que lo ha hecho posible. Nuestros ojos están fijos en Él.

Y cantamos: «Nada traigo en mi mano. Sencillamente a su cruz me adhiero».[9]

«Mi esperanza firme está en la justicia de Jesús, y mis pecados los borrará el sacrificio de la cruz»,[10] declaramos.

«Fue esa gracia la que enseñó a mi corazón a temer, y la gracia que mis temores alivió»,[11] explicamos.

Algunos de nosotros, a diferencia de Pedro, nunca miramos atrás.

Otros, como Pedro, sentimos el viento y nos llenamos de miedo.[12]

Quizás enfrentamos el viento del orgullo: «Después de todo no soy un pecador tan malo. Fíjense en todo lo que puedo hacer».

Quizás enfrentamos el viento del legalismo: «Sé que Jesús está haciendo parte de esto, pero yo tengo que hacer el resto».

Sin embargo, la mayoría de nosotros, enfrentamos el viento de la duda: «Soy demasiado malo con Dios para que Él me trate tan bien. No merezco que me rescate».

Y nos hundimos más profundo. Con el peso de la mortalidad del mortero, nos hundimos. Dando tumbos caemos en un mundo oscuro y mojado. Abrimos los ojos y lo único que vemos es oscuridad. Tratamos de respirar y no hay aire. Tratamos desesperadamente de volver a la superficie.

Con nuestras cabezas apenas fuera del agua, tenemos que tomar una decisión.

El arrogante pregunta: «¿Vamos a "salvar las apariencias" y ahogarnos en orgullo? ¿O clamamos pidiendo por ayuda y tomamos la mano de Dios?»

Los legalistas preguntan: «¿Vamos a hundirnos bajo el tremendo peso de la Ley? ¿O abandonamos los códigos y rogamos por gracia?»

Los escépticos preguntan: «¿Vamos a alimentar las dudas diciendo: "Esta vez sí que le he fallado"? O tenemos la esperanza de que el mismo Cristo que nos llamó fuera del bote también nos sacará del mar?»

Conocemos la decisión de Pedro.

«[Cuando él] empezó a hundirse, clamó: "¡Señor, sálvame!"»[13]

«Inmediatamente, Jesús estiró su mano y lo aguantó».[14]

También conocemos la decisión que tomó otro marinero en otra tormenta.

Aunque separados por diecisiete siglos, este marinero y Pedro comparten asombrosas similitudes:

- Ambos vivían del mar.
- Ambos se encontraron con su Salvador después de nueve horas de batallar en una tormenta.
- Ambos se encontraron con el Padre por el miedo y lo siguieron en fe.
- Ambos salieron de sus botes y se convirtieron en predicadores de la Verdad.

Usted conoce la historia de Pedro, el primer marinero. Permítame contarle del segundo, se llama John.

Había sido marinero desde que tenía once años. Su padre, capitán de un buque mercante inglés en el Mediterráneo, lo llevó a bordo y lo entrenó para que hiciera su vida en la Marina Real.

Pero lo que John ganó en experiencia, le faltaba en disciplina. Se burlaba de la autoridad. Siempre se inscribía en el grupo equivocado. Disfrutaba de todas las formas de pecados de un marinero. Aunque su entrenamiento le hubiera permitido servir como un oficial, su manera de ser lo exponía a frecuentes castigos y degradaciones.

Apenas cumplió veinte años, se fue a África y se interesó en el lucrativo comercio de esclavos. A los veintiuno, se embarcó en el *Greyhound*, un barco de esclavos que cruzaba el Océano Atlántico.

John ridiculizaba y se burlaba de los religiosos. Incluso se mofaba de un libro que, eventualmente, ayudaría a darle una nueva forma a su vida: *La imitación de Cristo.* De hecho, estaba degradando este libro pocas horas antes de que su barco zarpara para encontrarse con una furiosa tormenta.

Aquella noche las olas golpeaban fuertemente al *Greyhound,* en un segundo lo llevaban a la cresta de una ola, y al siguiente, lo lanzaban en las profundidades de un valle de agua.

John se despertó para encontrarse con su cabina inundada. Uno de los costados del *Greyhound* había colapsado. Ordinariamente, un daño como aquel habría mandado a la nave a las profundidades en cuestión de minutos. El *Greyhound*, sin embargo, llevaba una carga capaz de flotar, lo que lo mantuvo en la superficie.

John trabajó en las bombas de achique toda la noche. Durante nueve horas, él y los otros marineros lucharon para impedir que la nave se hundiera. Pero él sabía que era una causa perdida. Finalmente, cuando sus esperanzas estaban más golpeadas que el barco, se lanzó sobre la cubierta inundada y rogó: «Si estamos condenados a morir, entonces, Señor, ten misericordia de todos nosotros».

John no merecía la misericordia, pero la obtuvo. El *Greyhound* y su tripulación sobrevivieron.

John nunca olvidó la misericordia que Dios le mostró aquel tempestuoso día en el rugiente Atlántico. Volvió a Inglaterra, donde se convirtió en un prolífico compositor. Usted ha cantado sus canciones, como esta:

Oh gracia admirable, ¡dulce es!
Que a mí, pecador, salvó
Perdido estaba yo,
Más vine a sus pies;
Fui ciego, visión me dio.

Este comerciante de esclavos transformado en compositor fue John Newton.

Además de los himnos que escribió, fue también un poderoso predicador. Por casi cincuenta años, llenó púlpitos e iglesias con la historia del Salvador con quien usted y yo nos encontramos en la tormenta.

Un año o dos antes de su muerte, la gente le rogaba que dejara de predicar debido a su deteriorada vista. A esto respondía: «¿Qué? ¿Acaso dejará de blasfemar el viejo africano mientras todavía puede hablar?»

No dejó de predicar. No podía. Lo que había comenzado como una oración de miedo terminó en una vida de fe. Durante sus últimos años, alguien le preguntó acerca de su salud. Él confesó que su capacidad estaba debilitándose. «Casi no tengo memoria», dijo, «pero hay dos cosas que no olvido: que soy un gran pecador y que Jesús es un gran Salvador».

¿Qué más necesitamos recordar usted y yo?

Dos marineros y dos mares. Dos naves y dos tormentas. Dos oraciones de miedo y dos vidas de fe. Los une un Salvador, un Dios que caminará a través del infierno o las aguas tormentosas para extender una mano a un hijo que clama por ayuda.

23

POR QUÉ SONRIE DIOS

TENGO UN DIBUJO DE JESÚS RIÉNDOSE. Está en la pared justo al frente de mi escritorio.

Es realmente un dibujo especial. Su cabeza está echada hacia atrás. Su boca está abierta. Sus ojos brillan. No está sonriendo. No es una risita ahogada. No es una sonrisa entre dientes. Es una risa estruendosa. Él no había oído ni visto algo tan gracioso en mucho tiempo. Hasta parece que le falta el aire.

Me lo regaló un pastor episcopal que colecciona dibujos de Jesús sonriendo. «Se lo doy a cualquiera que se sienta inclinado a tomar a Dios demasiado en serio», me explicó cuando lo puso en mis manos.

Me venía muy bien.

No soy de los que me imagino fácilmente a Dios sonriendo. Un Dios lloroso, sí. Un Dios enojado, también. Un Dios poderoso, sin duda. ¿Pero un Dios risueño? Esto parece muy, muy ... muy ... muy lejos de lo que Dios debería hacer y ser. Lo que sólo demuestra lo mucho que conozco —o no conozco— sobre Dios.

¿Qué rayos pienso que estaba haciendo cuando estiró el cuello a la jirafa? ¿Un ejercicio de ingeniería? ¿Qué pienso que tendría en mente cuando le dijo a la avestruz dónde meter la cabeza? ¿Un explorador de cavernas? ¿Qué pienso que estaba haciendo cuando creó el llamado del mono macho a su hembra? ¿O le puso las ocho patas al pulpo? ¿Y qué habrá hecho cuando vio a Adán echándole la primera mirada sugerente a Eva? ¿Bostezar?

Difícilmente.

Mientras mi vista mejora y soy capaz de leer sin mis lentes con manchas, ahora me doy cuenta que el sentido del humor es quizás la única forma por la que Dios nos ha soportado por tanto tiempo.

¿Tiene Dios una sonrisa mientras Moisés mira dos veces a la zarza ardiente que habla?

¿Sonríe otra vez cuando Jonás aterriza en la playa, chorreando jugos gástricos y oliendo a aliento de ballena?

¿Es esa una mueca en su rostro mientras mira a los discípulos alimentando a miles con el almuerzo de un niño?

¿Acaso piensa que en un rostro inexpresivo mientras habla sobre el hombre con un dos-por-cuatro en su ojo y que señala la paja en el ojo de su amigo?

¿De verdad que puede imaginarse a Jesús con niños sobre sus rodillas y un rostro sombrío?

No, creo que Jesús sonreía. Creo que Él sonreía un poco a la gente y mucho con la gente.

Permítame explicárselo con un ejemplo.

No sabemos nada sobre ella. No conocemos su nombre, su trasfondo, su apariencia, su ciudad. Ella vino de alguna parte y se fue a alguna parte. Desapareció de la misma manera como había aparecido, como una bocanada de humo.

Pero qué deliciosa bocanada ella fue.

Los discípulos, en sus dos años de entrenamiento, no habían hecho lo que ella hizo en un momento de charla. Impresionó a Dios con su fe. Los discípulos tal vez tenían un buen corazón. Su deseo sin duda que era sincero. Pero su fe no hizo que Dios volteara su cabeza.

Ella lo hizo. Por todo lo que no sabemos de ella, sabemos una verdad notable: impresionó a Dios con su fe. Después de eso, cualquier otra cosa que haya hecho era insignificante.

«¡Mujer, tienes una gran fe!»,[1] le dijo Jesús.

¡Qué declaración! Especialmente si se considera que la hizo Dios. El Dios que puede poner un puñado de galaxias en la palma de su mano. Aquel que crea los montes Everest como un pasatiempo. Aquel que pinta arco iris sin necesidad de un lienzo. Aquel que mide el grueso de las alas de un mosquito con una mano y nivela una montaña con la otra.

Cualquiera pensaría que el Creador no es fácil de impresionar. Pero algo en esta mujer trajo un brillo especial a sus ojos y ... lo más probable ... una sonrisa a su rostro.

Mateo se refiere a ella como la «mujer cananea» y, al llamarla así, quiere decir dos cosas: ¿La primera? Una cananea. Una forastera. Una extranjera. Una manzana en un árbol de naranjas. ¿La segunda? Una mujer. Podría haber sido un perro callejero. Ella vivía en una cultura que tenía poco respeto por las mujeres fuera del dormitorio y la cocina.

Pero esta mujer se encontró con el Maestro, quien tenía mucho respeto para ella.

¡Ah! En realidad no lo parecía. De hecho, el diálogo entre ellos suena bastante rudo. No es un pasaje fácil de entender, a menos que usted esté dispuesto a reconocer que Jesús sabía cómo sonreír. Si tiene problemas con el dibujo del Jesús sonriente en mi oficina, va a tener problemas con esta historia. Pero si no los tiene, si el pensamiento de Dios sonriendo le trae algún alivio, entonces le van a agradar los siguientes párrafos.

Esta es mi interpretación.

La mujer está desesperada. Su hija está poseída por el demonio.

La mujer cananea no tiene derecho a pedirle nada a Jesús. No es judía. No es una discípula. No le da dinero para el ministerio. No hace ninguna promesa de dedicarse al servicio misionero. Usted recibe la impresión de que ella sabe mejor que nadie que Jesús no le debe nada, y que ella le está pidiendo todo. Pero eso no la detiene. Ella persiste en su petición.

«¡Ten misericordia de mí!»[2]

Mateo hace notar que al principio, Jesús no dice nada. Nada. No abre su boca. ¿Por qué?

¿Para probarla? Muchos comentaristas lo sugieren. Quizás, dicen, Él está esperando ver cuán seria es la petición. Mi papá acostumbraba hacerme esperar una semana desde el día que le pedía algo hasta el día que me daba su respuesta. La mayor parte del tiempo, me había olvidado de lo que le había pedido. El tiempo tiene su forma de separar el capricho de la necesidad. ¿Está Jesús haciendo esto mismo?

Tengo otra opinión. Creo que Él la estaba admirando. Pienso que le hizo bien a su corazón ver —para variar— una fe valiente. Creo que se sintió renovado al ver que alguien le estaba pidiendo hacer aquello a lo que él había venido: dar regalos maravillosos a hijos indignos de recibirlos.

¡Qué extraño que no le permitamos hacerlo más a menudo para nuestro provecho!

Quizás la más sorprendente reacción al don de Dios sea nuestra renuencia a aceptarlo. Lo queremos. Pero en nuestros términos. Por alguna extraña razón, nos sentimos mejor si nos lo ganamos. Por eso creamos argollas religiosas y brincamos en ellas, haciendo de Dios un domador, nosotros sus mascotas y la iglesia un circo.

La mujer cananea sabía más que esto. No tenía resumé. No reclamaba una herencia. No tenía títulos. Sólo sabía dos cosas: su hija era débil y Jesús era fuerte.

Los discípulos estaban irritados. Al Jesús guardar silencio, ellos se pusieron más presumidos. «Despídela», le dijeron. El foco de luz se detiene en Jesús. Mira a los discípulos, luego mira a la mujer. Y lo que sigue es uno de los diálogos más intrigantes en el Nuevo Testamento.

«Yo fui enviado únicamente a las ovejas perdidas de Israel»,[3] dice.

«¡Señor, ayúdame!»[4]

«No es correcto que tome el pan de los hijos y se lo tire a sus perros»,[5] contestó.

«Pero aun los perros comen las migajas que caen de la mesa de sus amos»,[6] replica ella.

¿Está Jesús siendo demasiado rudo? ¿Está cansado? ¿Está frustrado? ¿Le está diciendo a esta mujer que es un perro? ¿Cómo explicamos este diálogo?

Los comentarios bíblicos nos dan tres opciones.

Algunos dicen que Jesús estaba atrapado. No podía ayudar a la mujer porque había sido enviado primero a las ovejas perdidas de Israel. Respetable teoría, pero llena de problemas. Uno es la mujer samaritana. Otro es el centurión. Jesús ya había ayudado a gentiles sin dejar de mantenerse fiel al propósito central de su misión. ¿Entonces por qué no podía hacerlo ahora?

Otros piensan que Jesús fue muy rudo. ¿Quién puede culparlo? Estaba cansado. Había sido un largo viaje. Los discípulos estaban entendiendo con bastante lentitud. Y esta fue la gota que hizo derramar la copa.

¿Le gusta esta explicación? A mí tampoco. El que había tenido compasión de cinco mil hombres ... que había llorado por la ciudad de Jerusalén ... que había venido a buscar y a salvar a gente así ... no hubiera podido desatender tan abruptamente a una mujer tan necesitada.

La teoría más popular es que la estaba probando ... de nuevo. Sólo para estar seguro que ella tomaba en serio su petición. Sólo para estar seguro que su fe era real.

¿Pero insinuar que era un perro?

Tampoco creo que Jesús hubiera hecho eso. Permítame sugerir una cuarta alternativa.

¿No sería que Jesús y la mujer están envueltos en una broma satírica? ¿En un intercambio irónico en el que se resalta la ilimitada gracia de Dios? ¿Sería acaso que Jesús no pudo resistir un poco de sátira porque estaba encantado de haber encontrado a alguien que no estuviera tratando de negociar con un sistema religioso u orgulloso de un patrimonio?

Él sabe que puede sanar a la hija de esta mujer. Él sabe que no está limitado por un plan. Él sabe que el corazón de ella es bueno. Así que decide enfrascarse en un momento de humor con una mujer fiel. En esencia, esto fue lo que dijeron:

«Está bien, pero tú sabes que Dios sólo se preocupa de los judíos», le dice Él sonriendo.

Ella, al entender la ironía, la devuelve con otra: «Pero tu pan es tan maravilloso que estoy dispuesta a comer de las sobras».

Todo emocionado y contento, Él contesta: «¡Nunca me había encontrado con una fe como la tuya! Tu hija está sana».

Esta historia no presenta a un Dios despectivo. Presenta a Aquel que se deleita en un buscador sincero.

¿No se alegra de que sea así?

Se cuenta que en una ocasión el corcel de Napoleón se asustó y huyó. Un recluta alerta saltó a su propio caballo y corrió tras el caballo del emperador, y logró detenerlo. Cuando volvió y puso las riendas del animal en manos de Napoleón, éste las tomó, sonrió al recluta y le dijo: «Gracias, capitán».

Los ojos del soldado se abrieron ante lo que había oído. Se puso firme, saludó y dijo: «¡Gracias, señor!»

Se fue de inmediato a las barracas. Cogió sus cosas. Y se instaló en el edificio de oficiales. Llevó su viejo uniforme al almacén y lo cambió por uno de capitán. Por palabra del emperador, había dejado de ser un recluta para transformarse en un oficial comisionado. No pidió explicaciones. No se encogió de hombros. No dudó. Él sabía que el único que tenía poder para hacer lo que hizo, lo había hecho. Y lo aceptó.[7]

Si hiciéramos lo mismo. Si tuviéramos la fe del recluta y la confianza de la mujer cananea. Si sólo, cuando Dios sonríe y nos dice que somos salvos, le hiciéramos un saludo, le agradeciéramos y viviéramos como quienes acaban de recibir un regalo del comandante en jefe.

Sin embargo, pocas veces lo hacemos. Preferimos alcanzar la salvación al estilo antiguo: ganándola. Aceptar la gracia es admitir nuestro fracaso, un paso que muchas veces no estamos dispuestos a dar. Optamos por tratar de impresionar a Dios con lo bueno que somos en lugar de confesar cuán grande es Él. Nos mareamos con doctrinas. Nos sobrecargamos con reglamentos. Pensamos que Dios va a sonreír al ver nuestros esfuerzos.

Pero Él no sonríe.

La sonrisa de Dios no es para el excursionista atrevido que alardea porque recorrió el camino solo. Es, en cambio, para el leproso lisiado que clama a Dios por una espalda sobre la que pueda viajar.

Esas fueron las palabras de la mujer. Ella sabía que lo que estaba pidiendo era absurdo. Pero también sabía que Jesús era Señor.

Las palabras de Daniel pudieron haber sido las de ella: «No elevamos nuestros ruegos a ti confiados en nuestras justicias, sino en tus muchas misericordias».[8]

Ella se acercó con la esperanza de que Jesús contestaría su petición basándose en la bondad de Él y no porque lo mereciera.

Y Él lo hizo. Con una sonrisa.

Cuando pienso en las oraciones que Dios me ha contestado a pesar de la vida que he vivido, me lo imagino sonriendo.

Así que después de todo, pienso que conservaré su dibujo en la pared.

24

EL VISITANTE QUE SE HIZO SACRIFICIO

PERMÍTAME DESCRIBIRLE UNA ESCENA y luego volver a ella al final del capítulo.

Un anciano va caminando por una playa de Florida. En el horizonte, el sol tiene la forma de una bola anaranjada. Las olas acarician la arena. El olor a agua salada inunda el aire. La playa está vacía. No hay sol que atraiga a los bañistas. No hay suficiente luz para los pescadores. Por eso, aparte de unos pocos caminantes y gente que trota, el anciano está solo.

Lleva un cubo en su mano huesuda. Un cubo lleno de camarones. No son para él. Tampoco para pescar. Son para las gaviotas.

Se dirige a un muelle que parece de oro por la luz del sol. Sigue hasta el final. Ha llegado el momento para iniciar su rito semanal.

Se detiene y espera.

Pronto, el cielo se transforma en una masa de puntos danzantes. El silencio de la tarde da paso al chillido de los pájaros. Llenan el cielo y luego cubren el atracadero. Vienen en un peregrinaje premeditado para encontrarse con el viejo.

Por una media hora o algo así, el anciano de tupidas cejas y hombros caídos permanecerá de pie en el muelle, rodeado de aves marinas hasta que el cubo quede vacío.

Pero incluso después que la comida se ha terminado, sus amigos plumíferos permanecen allí. Pareciera que los atrae algo más que la comida. Se posan en su sombrero. Caminan por el muelle. Comparten un momento juntos.

¿Captó la escena? Ahora, dejémosla aquí por unos minutos.

Pasó Jesús de allí y vino junto al mar de Galilea; y subiendo al monte, se sentó allí. Y se le acercó mucha gente que traía consigo a cojos, ciegos, mudos, mancos, y otros muchos enfermos; y los pusieron a los pies de Jesús, y los sanó; de manera que la multitud se maravillaba, viendo a los mudos hablar, a los mancos sanados, a los cojos andar, y a los ciegos ver; y glorificaban al Dios de Israel.

Y Jesús, llamando a sus discípulos, dijo: Tengo compasión de la gente, porque ya hace tres días que están conmigo, y no tienen qué comer; y enviarlos en ayunas no quiero, no sea que desmayen en el camino.[1]

Este no es el día cuando Jesús alimentó a cinco mil hombres; es el día cuando alimentó a *cuatro* mil. Aunque ambos hechos tienen mucho en común, son diferentes en varios aspectos:

- Cuando Jesús alimentó a los cinco mil, estaba con los judíos. Cuando alimentó a los cuatro mil (además de las mujeres y los niños) estaba en Decápolis, una región gentil.
- Cuando Jesús alimentó a los cinco mil, les enseñó y los sanó. Cuando estuvo con los cuatro mil, no hay indicios que les haya enseñado. Solo los sanó.
- Cuando Jesús estuvo con los cinco mil, estuvo con ellos una tarde. Con los cuatro mil, se quedó tres días.

Y por tres días hizo algo realmente notable: los sanó. «El cojo, el ciego, el paralítico, el mudo y muchos otros» vinieron a Él, escribió Mateo, «y él los sanó».

En muchas ocasiones he deseado que los escritores del Nuevo Testamento hubieran sido un poco más descriptivos. Este es uno de esos casos. «Y los sanó» es una frase demasiado resumida para describir lo que debe de haber sido un espectáculo impresionante.

Deje correr su imaginación. ¿Puede ver el escenario?

¿Puede ver al esposo ciego viendo a su esposa por primera vez? ¿Sus ojos posados en los ojos llenos de lágrimas de ella como si fuera la reina de la mañana?

Imagine al hombre que nunca había caminado ¡ahora andando! ¿Acaso no sabe que no se quería sentar? ¿Sabe que corrió y saltó y hasta bailó con los chicos?

¿Y qué del que no podía hablar? ¿Puede imaginarlo sentado sentado junto al fuego hasta altas horas de la noche y hablando? Contando y cantando todo lo que siempre había querido decir y cantar.

¿Y la mujer sorda que ahora puede oír? ¿Cómo sería cuando oyó a su hijo llamarla «mamá» por primera vez?

Y esto fue así durante tres días. Persona tras persona. Alfombra tras alfombra. Muleta tras muleta. Sonrisa tras sonrisa. Nada se registra que Jesús hubiera predicado o enseñado o adiestrado o desafiado. Sólo sanó.

«La gente», escribe Mateo, «estaba asombrada cuando vieron al mudo hablar, al paralítico enderezarse, al cojo andar y al ciego ver». Cuatro mil personas asombradas, cada uno contando una historia más grandiosa que la del otro. Y en medio de todos, Jesús. Sin quejarse. Sin posponer. Sin exigir. Sólo disfrutando cada minuto.

Entonces Mateo, aun el gran economizador de palabras, nos da otra frase que me hubiera gustado que hubiera elaborado más:

«Ellos alababan al Dios de Israel».

Me pregunto cómo lo habrán hecho. Me parece más fácil imaginarme *lo que no* hicieron que lo que hicieron.

Estoy seguro que no formaron un comité de alabanza. Estoy seguro que no hicieron túnicas. Estoy seguro que no se sentaron en filas para mirar la parte de atrás de las cabezas de los de la fila de adelante.

Dudo seriamente que hayan escrito un credo sobre cómo debían alabar a este Dios al que nunca antes habían adorado. Me es difícil imaginarme una discusión sobre tecnicismos. Y que hayan sentido que tenían que adorar dentro de un templo.

Y sé que no esperaron hasta el día de reposo para hacerlo.

Lo más probable es que sencillamente lo hicieron. Cada uno, a su manera y de corazón, adoraron a Jesús. Quizás algunos fueron a Jesús y se arrodillaron a sus pies. Quizás otros gritaban su nombre. Unos pocos a lo mejor subieron al monte, miraron al cielo y sonrieron.

Puedo imaginarme a una mamá y a un papá de pie y en silencio ante el Sanador mientras sostenían en sus brazos a su bebé recién sanado.

Puedo imaginarme a un leproso mirando extasiado a Aquel que lo había liberado de su terror.

Puedo imaginarme una aglomeración de personas empujando y tratando de abrirse camino a codazos para estar lo más cerca posible de Él. No para pedir nada, sino sólo para decir «gracias».

Algunos posiblemente trataron de pagarle a Jesús, ¿pero qué suma hubiera sido suficiente?

Quizás algunos quisieron devolver el favor con otro, ¿pero qué puede dar una persona que pueda expresar gratitud?

Todos quizás no hicieron otra cosa sino lo que dice Mateo que hicieron. «Alabaron al Dios de Israel».

Como sea que lo hayan hecho, lo hicieron. Y Jesús quedó impresionado, tan impresionado que insistió que se quedaran a comer antes de irse.

Sin usar la palabra *adoración*, este pasaje la define. Adoración es cuando usted está consciente que lo que ha recibido es mucho más grande de lo que puede dar. Adoración es la conciencia de que si no fuera por su toque, usted aún estaría cojeando y sufriendo, amargado y derrotado. Adoración es la expresión semi vidriosa en el rostro deshidratado de un peregrino en el desierto al descubrir que el oasis no es un espejismo.

Adoración es el «gracias» que se niega a quedar en silencio.

Hemos tratado de hacer de la adoración una ciencia. No podemos hacer eso. No podemos hacerlo como tampoco podemos «vender amor» o «negociar la paz».

Adoración es un acto voluntario de gratitud ofrecido por el salvado al Salvador, por el sanado al Sanador y por el liberado al Libertador. Y si usted y yo podemos pasar días sin sentir la urgencia de decir «gracias» a Aquel que nos salva, sana y liberta, entonces haríamos bien en recordar lo que él hizo.

El anciano en el muelle no podía pasar una semana sin decir «gracias».

Su nombre era Eddie Rickenbacker. Si usted ya había nacido en octubre de 1942, probablemente recuerde el día en que se reportó perdido en el mar.

Había sido enviado en una misión para entregar un mensaje al general Douglas MacArthur. Con una tripulación escogida a mano en un B-17 conocido como «Fortaleza volante», voló rumbo al Pacífico Sur. En alguna parte la tripulación se perdió, el combustible se agotó y el avión se fue abajo.

Los ocho miembros de la tripulación lograron mantenerse a flote en un bote salvavidas. Lucharon contra el tiempo, las olas, los tiburones y el sol. Pero sobre todo, con el hambre. Después de ocho días, sus raciones se habían agotado. No tenían ninguna opción. Sería necesario un milagro para que sobrevivieran.

Y el milagro ocurrió.

Una tarde, después del servicio devocional, los hombres oraron y trataron de relajarse. Rickenbacker se había echado a dormitar con el sombrero sobre los ojos. De pronto algo se posó sobre el sombrero. Inmediatamente supo que se trataba de una gaviota. No sabe cómo pero lo supo. Aquella gaviota significaba comida ... si podía atraparla. Y la atrapó.

Se comieron la carne. Los intestinos los usaron como carnada. Y la tripulación sobrevivió.

¿Qué andaba haciendo una gaviota a cientos de millas de tierra?

Sólo Dios lo sabe.

Pero cualquiera que haya sido la razón, Rickenbacker estaba agradecido. Como consecuencia, cada viernes por la tarde este viejo capitán se dirigía al muelle, su cubo lleno de camarones y su corazón lleno de gratitud.

Sería sabio que hiciéramos lo mismo. Tenemos mucho en común con Rickenbacker. Nosotros también fuimos salvados por un Visitante que se hizo sacrificio.

Nosotros también fuimos rescatados por Alguien que viajó desde sabrá Dios qué distancia.

Y nosotros, como el capitán, tenemos todas las razones como para mirar al cielo ... y adorar.

25

SANTIDAD EN BATA DE LEVANTARSE

CUANDO SU MUNDO TOCA el mundo de Dios, el resultado es un momento santo. Cuando la sublime esperanza de Dios besa su dolor terrenal, ese momento es santo. Ese momento puede ocurrir un domingo durante la comunión o un jueves en la noche en la pista de patinaje. Puede ocurrir en una catedral o en un tren subterráneo, a través de un arbusto ardiendo o de una artesa. Cuándo y dónde no importa. Lo que importa es que los momentos santos ocurren. Diariamente. Me gustaría hablarle acerca de lo más sagrado de estos momentos. Del momento más santo de su vida.

No, no es su nacimiento. Ni su boda. Ni el nacimiento de un hijo. Estoy hablando del momento más sagrado de *su* vida. Los otros momentos son especiales. Resplandecen y brillan. Pero comparados con este momento, son tan santos como un eructo.

Estoy hablando de la hora sagrada.

No. No es su bautismo. No es su primera comunión ni su primera confesión, ni siquiera su primera cita amorosa. Sé que todos estos son momentos preciosos e incluso sacrosantos, pero tengo en mente otro momento.

Ocurrió esta mañana. Justo después que se despertó. Allí mismo en su casa. ¿Se lo perdió? Permítame recrear la escena.

Suena la alarma. Su esposa lo mueve o su esposo le da un leve codazo o su mamá o su papá lo sacuden. Y usted se despierta.

Ya ha apagado tres veces la alarma; una vez más que lo haga significa que se le hará tarde. Ya ha pedido cinco minutos más ... cinco veces distintas; pídalos una vez más y conseguirá un cubo de agua fría en la cabeza.

La hora ha llegado. Ha amanecido. Entonces, con un gemido y un gruñido, levanta su sábana, saca un pie tibio y lo posa en un mundo frío. Ese pie es seguido por un compañero renuente.

Se inclina y se sienta en el borde de la cama. Le dice a sus párpados que se abran, pero estos se resisten a hacerlo. Los separa con las palmas de la mano y echa una mirada al cuarto.

(El momento todavía no es santo pero ya está cerca.)

Se para. En este momento, todo lo que le va a causar molestias durante el día, molesta. Es como si ese pequeño hombrecito que está en su cerebro a cargo del dolor necesitara probar todos los circuitos antes de que usted se encierre en el baño.

«¿Dolor de espalda?»

«¡Comprobado!»

«¿Rigidez del cuello?»

«¡Comprobado!»

«¿Dolor en la rodilla lesionada durante un partido de fútbol?»

«¡Sigue doliendo!»

«¿Caspa?»

«¡Sigue picando!»

«¿Alergia?»

«¡Atchí!»

Con la gracia de una elefanta embarazada, entra al baño. Desearía que existiera una manera de encender la luz lentamente, pero no la hay. De modo que da una palmada al interruptor, pestañea rápido mientras sus ojos se acostumbran a la luz y se mete bajo la ducha.

Se está acercando a lo sagrado. Quizás no lo sabe, pero acaba de pisar una losa sagrada. Está en el santuario interior. La zarza ardiente de su mundo.

El momento más sagrado de su vida está por ocurrir. Escuche. Va a oír el batir de alas de los ángeles anunciando su llegada. Las trompetas están listas en los labios celestiales. Una nube de majestad rodea sus pies desnudos. Las huestes celestiales cesan todo movimiento mientras usted alza sus ojos y ...

(Prepárese. Aquí llega. El momento sagrado está cerca.)

Los címbalos chocan. Las trompetas hacen eco en los pasillos sagrados. Las criaturas del cielo corren a través del universo esparciendo pétalos de flores. Las estrellas danzan. El universo aplaude. Los árboles se inclinan en una adulación danzante. Y claro que tienen que hacerlo, porque el hijo del Rey ha despertado.

Mire en el espejo. Contemple al santo. No se vuelva. La imagen de perfección está ahí. El momento santo ha llegado.

Sé lo que está pensando. *¿Usted llama a eso «santo»? ¿Dice que es «perfecto»? Usted no sabe lo que parezco a las 6:30 de la mañana.*

No, pero me puedo imaginar. Cabello enmarañado. Pijamas o camisón arrugado. Lagañas en los ojos. Barriga abultada. Boca reseca. Ojos hinchados. Aliento que podría manchar una pared. Una cara que podría espantar a un perro.

«Cualquier cosa menos santo», dice usted. «Deme una hora y luciré santo. Deme un poco de café y algo de maquillaje. Deme una pasta de dientes y un cepillo y haré de este cuerpo algo presentable. Un poco de perfume ... unas rociadas de agua de colonia. Después de eso lléveme al Lugar Santísimo. Entonces podré mostrarle una sonrisa celestial».

Ah, pero ahí es donde usted se equivoca. ¿Lo ve? Lo que hace ese momento de la mañana tan santo es su honestidad. Lo que hace santo al espejo de la mañana es que usted está viendo exactamente a quien Dios ve.

Y a quien Dios ama.

Nada de maquillaje. Nada de camisas almidonadas. Nada de corbatas de colores. Nada de zapatos que hagan juego con la corbata. Nada de joyas para mantener el estatus. Sólo honestidad descuidada.

Sólo usted.

Si la gente lo ama a las 6:30 de la mañana, una cosa es cierta: lo *aman*. No aman sus títulos. No aman su estilo. No aman sus logros. Sencillamente lo aman.

«El amor», escribió un alma perdonada, «cubre multitud de pecados».[1]

Suena al amor de Dios.

«Él ha hecho perfectos para siempre a los que han sido hechos santos», escribió otro.[2]

Subraye la palabra *perfecto*. Note que no dice *mejores*. Ni *perfeccionados*. Dios no mejora; Él hace perfectos. No realza; Él completa. ¿Qué le falta a la persona perfecta?

Ahora me doy cuenta que hay un sentido en el que somos imperfectos. En el que todavía erramos. Incluso tropezamos. Todavía hacemos lo que no queremos hacer. Y esa parte en nosotros es, según el versículo «ser hechos santos».

Pero cuando se trata de nuestra posición ante Dios, somos perfectos. Cuando Él nos ve a cada uno de nosotros, ve a quien ha sido hecho perfecto mediante Aquel que es perfecto: Cristo Jesús.

«Todos ustedes que han sido bautizados en Cristo se han vestido a sí mismos en Cristo».[3]

Esta mañana «me puse» ropa para ocultar las imperfecciones que no quiero exponer. Cuando usted me ve, completamente vestido, no puede ver mis lunares, mis cicatrices, mis golpes. Todos están escondidos.

Cuando decidimos bautizarnos, por una forma de vivir más que por símbolo, en Cristo, se crea la misma coraza. Nuestros pecados y faltas se pierden debajo de la brillantez de su cobertura. «Porque usted ha muerto, y ahora su vida está escondida con Cristo en Dios»».[4] Por favor, no pase por alto el impacto de este versículo. Cuando Dios nos ve, también ve a Cristo. ¡Ve perfección! No una perfección ganada por nosotros, sino una perfección pagada por Él.

Por un momento, reflexione en estas palabras:

«Al que no conoció pecado, por nosotros lo hizo pecado, para que nosotros fuésemos hechos justicia de Dios en él».[5]

Leamos ahora este mismo versículo en otra versión:

«Porque Dios hizo que Cristo, que en sí mismo no conocía nada de pecado, en realidad *fuera* pecado por nuestro bien, de manera que en Cristo pudiéramos ser hechos buenos con la bondad de Dios».

Note las últimas cuatro palabras: «la bondad de Dios». La bondad de Dios es su bondad. Usted es absolutamente perfecto. Intachable. Sin fallas ni defectos. Inmaculado. Sin rival. Sin desfiguraciones. Incomparable. Puro. Perfección inmerecida y aún así sin reservas.

No es de extrañar que los cielos aplaudan cuando usted se despierta. Una obra maestra se ha puesto en acción.

«Shhh», susurran las estrellas. «miren qué maravillosa es esa criatura».

«¡Guao!» exclaman los ángeles, «qué prodigio ha creado Dios».

Así que mientras usted gruñe, la eternidad se queda sin aliento y maravillada. Mientras usted da traspiés, los ángeles chocan con las estrellas. Lo que usted ve en el espejo como un desastre matutino, en realidad es un milagro matutino. Santidad en bata de levantarse.

Siga y termine de vestirse. Póngase los anillos, aféitese la barba, péinese y cubra los lunares. Hágalo. Hágalo para bien de su imagen. Para conservar su trabajo. Para beneficio de los que tienen que sentarse a su lado. Pero no lo haga para Dios.

Él ya lo ha visto como usted realmente es. Y en su libro, usted es perfecto.

26

LA ELECCIÓN

«¿POR QUÉ QUIERO HACER LO MALO?» me preguntó mi hija, formulando sin quererlo la misma pregunta que se hacen muchos seguidores de la verdad. «¿Por qué hago lo que odio hacer? ¿Qué es este gorila que habla incoherencias dentro de mí?» O, quizás tengamos que hacernos una pregunta más elemental: «Si el pecado me separa de Dios, ¿por qué Dios no me separa del pecado? ¿Por qué no quita de mí la opción de pecar?»

Para contestar eso, vamos al principio.

Vamos al Huerto y veamos la semilla que trajo bendición y maldición. Veamos por qué Dios le dio al hombre ... la elección.

Detrás de todo había una elección. Una decisión deliberada. Una acción informada. Él no tenía que hacerlo. Pero decidió hacerlo. Conocía el costo. Vio las implicaciones. Estaba consciente de las consecuencias.

No sabemos cuándo decidió hacerlo. No podemos saberlo. No sólo porque no estábamos allí. Si no, porque el tiempo no existía. No existía el *cuándo.* Ni el *mañana* o el *ayer* o *la próxima vez.* Porque no había tiempo.

No sabemos cuándo pensó en la elección. Pero sí sabemos que lo hizo. No tenía que hacerlo. Pero lo hizo.

Decidió crear.

«En el principio creó Dios ... »[1]

Con una decisión comienza la historia . Desde entonces se puede medir la existencia.

De la nada vino la luz.

De la luz vino el día.

Luego el cielo ... y la tierra.

¿Y sobre esta tierra? Una mano poderosa empezó a trabajar.

Se esculpieron los cañones. Se construyó el lecho de los océanos. Las montañas emergieron de la planicie. Se esparcieron las estrellas. Un universo centelleó.

Nuestro sol se transformó sólo en uno entre millones. Nuestra galaxia se convirtió en sol una entre miles. En forma invisible, los planetas quedaron unidos a soles que se mueven en el espacio a velocidades inimaginables. Las estrellas alumbran con un calor que podría derretir nuestro planeta en cuestión de segundos.

La mano detrás de todo esto era poderosa. Él es poderoso.

Y con este poder, Él creó. Tan naturalmente como canta una avecilla o un pez nada, creó. Como un artista no puede dejar de pintar y un corredor no puede dejar de correr, Él no podía dejar de crear. Él era el Creador. En todo, Él fue el Creador. Un soñador y diseñador incansable.

De la paleta del Artista Eterno surgieron esplendores inimitables. Antes que hubiera una persona para verlo, su creación estaba preñada de maravillas. Las flores no sólo crecieron sino que florecieron. Los polluelos no sólo nacieron; también empollaron. Los salmones no sólo nadaron, sino que también saltaron.

Lo mundano no tenía lugar en su universo.

Tiene que haberlo amado. Los creadores disfrutan creando. ¡Estoy seguro que sus órdenes fueron divertidísimas! «Hipopótamo: tú no vas a caminar ... ¡te vas a contonear!» «Hiena: un ladrido es demasiado aburrido. ¡Déjame enseñarte cómo reír!» «Y para ti, mapache, ¡he hecho una máscara!» «¡Ven acá, jirafa! ¡Vamos a estirarte un poco el cuello!» Y así siguió y siguió. Dando a las nubes su apariencia de algodón. A los océanos su azul. A los árboles su inquietud. A los sapos su brincar y su croar. El poderoso se unió con lo creativo y nació la creación.

Él era poderoso. Él era creativo.

Y Él era amor. Aún más grande que su poder y más profundo que su creatividad estaba su característica suprema:

El amor.

El agua tiene que estar mojada. El fuego tiene que estar caliente. No es posible sacar lo mojado del agua y esperar que siga siendo agua. No es posible eliminar el caliente del fuego y esperar que siga siendo fuego.

De igual manera, no se puede sacar el amor de Aquel que vivía antes del tiempo y esperar que siga existiendo. Porque Él fue ... y es ... Amor.

Explore sus profundidades. Busque en cada rincón. Revise cada ángulo. Todo lo que encontrará será amor. Vaya al inicio de cada decisión que Él ha hecho y encontrará lo mismo. Vaya al final de cada historia que Él ha contado y lo verá allí.

Amor.

Nada de amargura. Nada de maldad. Nada de crueldad. Sólo amor. Amor perfecto. Amor apasionado. Amor inmenso y puro. Él es amor.

Como resultado, el elefante tiene una trompa para beber agua. Un gatito tiene una madre de la que puede lactar. El ave tiene un nido para dormir. El mismo Dios que fue lo suficientemente poderoso para esculpir el cañón es suficientemente tierno para poner pelo en las patas de la mosca para que conserve su temperatura. La misma fuerza que provee simetría a los planetas guía al bebé canguro a la bolsa marsupial de su madre antes que esta se haya dado cuenta que ya ha nacido.

Y por ser quien era, hizo lo que hizo.

Él creó un paraíso. Un santuario libre de pecado. Un refugio antes del miedo. Un hogar antes que hubiera un morador humano. No tiempo. No muerte. No heridas. Un regalo de Dios para su creación máxima. Y cuando echó una mirada a todos, supo «que era muy bueno».[2]

Pero no era suficiente.

Aún no había completado su obra más grande. Era necesario una obra maestra antes que pudiera terminar.

Mire los cañones y admire el esplendor del Creador. Toque las flores y vea su delicadeza. Escuche los truenos y oirá su poder. Pero contemple esto —el cenit— y sea testigo de las tres ... y más.

Imagine conmigo en lo que debe de haber ocurrido ese día.

Él puso una cucharada de barro sobre otra hasta una figura sin vida yacía en el suelo.

Todos los habitantes del Huerto hicieron una pausa para ser testigos del evento. Los halcones revolotearon. Las jirafas se estiraron. Los árboles se inclinaron. Las mariposas detuvieron su vuelo en los pétalos y miraron.

—Me amarás, naturaleza —dijo Dios—. «Yo te hice así. Tú, universo, me obedecerás. Porque fuiste diseñado para hacerlo. Ustedes, cielos, reflejarán mi gloria, porque fueron creados para hacerlo. Pero este será como yo. Este será capaz de elegir».

Todos guardaban silencio mientras el Creador buscaba algo dentro de sí y removía algo que nadie había visto hasta entonces. Una semilla. «Se llama "elección". La semilla de la elección».

La Creación siguió guardando silencio y contempló la forma sin vida.

Un ángel habló:

—¿Y si ... ?

—¿Y si decide no amar? —concluyó el Creador—. Ven. Te mostraré algo.

Desligados del hoy, Dios y el ángel caminaron hacia el reino de mañana.

—Allí, mira el fruto de la semilla de la elección, tanto dulce como amarga.

El ángel se quedó sin aliento ante lo que vio. Amor espontáneo. Devoción voluntaria. Ternura escogida. Nunca había visto algo igual. Sintió el amor de los Adanes. Oyó el gozo de Eva y sus hijas. Vio como compartían la comida y las cargas. Absorbió la bondad y se maravilló ante la calidez.

—Nunca los cielos han visto tanta belleza, mi Señor. Sin lugar a dudas, esta es tu más grande creación.

—Ah, pero sólo has visto lo dulce. Fíjate ahora en lo amargo.

Un hedor los cubrió a ambos. El ángel se volvió horrorizado y preguntó:

—¿Qué es esto?

El Creador pronunció sólo una palabra: «Egoísmo».

El ángel guardó silencio mientras pasaban a través de siglos de repugnancia. Nunca había visto tanta inmundicia. Corazones podridos. Promesas incumplidas. Lealtades olvidadas. Hijos de la creación vagando enceguecidos en laberintos solitarios.

—¿Este es el resultado de la elección? —preguntó el ángel.

—Sí —respondió Dios.

—¿Te van a olvidar?

—Sí.

—¿Te van a rechazar?

—Sí.

—¿Nunca recapacitarán?

—Algunos sí. La mayoría, no.

—¿Qué puede hacerse para hacer que escuchen?

El Creador caminó en el tiempo, más y más en el futuro, hasta que se detuvo junto a un árbol. Un árbol que se convertiría en una cuna. Aun entonces él pudo oler el heno que lo rodearía.

Con otro paso en el futuro, Él se detuvo ante otro árbol. Estaba solo, el gobernante obstinado de un cerro desnudo. El tronco era grueso y la madera fuerte. Pronto lo cortarían. Pronto lo aserrarían. Pronto lo montarían en la cima rocosa de otro cerro. Y pronto Él estaría clavado en ese árbol.

Sintió el roce de la madera a pesar de que todavía no la llevaba sobre Él.

—¿Vas a ir allá abajo? —preguntó el ángel.

—Sí, lo haré —respondió.

—¿No crees que haya otra forma?

—No la hay.

—¿No sería más fácil si no plantas la semilla? ¿No será más fácil si no les das la oportunidad de elegir?

—Sí, sería más fácil —dijo el Creador, pausadamente—. Pero quitar la elección significa quitar el amor.

Miró hacia el monte y vio anticipadamente una escena. Tres cuerpos colgando de tres cruces. Los brazos abiertos. Las cabezas caídas sobre el pecho. Gemían con el viento.

Hombres vestidos de soldados jugaban con dados en el suelo cerca del trío. Reían ignorando lo que ocurría a su lado.

Hombres vestidos con ropas religiosas permanecían de pie a un lado de la escena. Sonreían. Arrogantes, presumidos. Habían protegido a Dios, pensaban, al dar muerte a este farsante.

Mujeres vestidas con ropas de dolor se agrupaban al pie del cerro. En silencio. Lágrimas corriendo por sus mejillas. Ojos mirando al suelo. Una puso su brazo sobre los hombros de otra y quiso alejarla del lugar. Esta no quiso moverse.

—Me quedaré aquí —dijo con suavidad—. Me quedaré aquí.

El cielo estaba listo para pelear. Toda la naturaleza estaba lista para el rescate. Toda la eternidad dispuesta en actitud de protección. Pero el Creador no dio ninguna orden.

—Tiene que hacerse ... —dijo, y se retiró.

Pero al andar atrás en el tiempo, escuchó el grito que algún día lanzaría: «Mi Dios, mi Dios, ¿por qué te has olvidado de mí?»[3] Se angustió por la agonía de mañana.

El ángel volvió a hablar:

—¿No sería menos doloroso ... ?

El Creador lo interrumpió con cariño. «Pero no sería amor».

Volvieron al Huerto. El Hacedor miró con ansiedad a la creación de barro. Un fuerte aliento de amor se infló en su interior. Había muerto por la creación antes de haberla terminado. La forma de Dios se inclinó sobre el rostro esculpido y sopló. El polvo caía de los labios de la nueva creación. El pecho se infló y el barro rojizo se quebró. Las mejillas adquirieron color. Un dedo se movió. Y un ojo se abrió.

Pero más increíble que el movimiento de la carne fue la conmoción del espíritu. Los que pudieron ver lo invisible se quedaron sin aliento.

Quizás fue el viento quien lo dijo primero. Quizás lo que vio la estrella en ese momento es lo que la ha hecho titilar desde entonces. Quizás eso fue lo que hizo que un ángel lo susurrara:

—Se parece ... es muy parecido a ... ¡es él!

El ángel no estaba hablando del rostro, de los rasgos ni del cuerpo. Estaba mirando adentro ... al alma.

—¡Es eterno! —exclamó otro.

Dentro del hombre, Dios había colocado una semilla divina. Una semilla de su yo. El Dios de poder había creado al ser más poderoso de la tierra. El Creador había creado no una criatura, sino otro creador. Y el que había decidido amar había creado a uno que en retribución podría amarlo también.

Ahora, la elección es suya.

27

SORPRENDIDO CON LOS PANTALONES ABAJO, PERO LA CABEZA ARRIBA

STEVE LYONS SERÁ RECORDADO como el jugador que se bajó los pantalones.

Se le podría recordar como un jugador excepcional ... como el hombre que jugó en todas las posiciones para los Medias Blancas de Chicago ... como el que siempre se tiraba al suelo para llegar hasta la primera base ... como el favorito de los aficionados porque le chocaba la mano al que atrapaba la pelota que se había ido de «foul» hacia los asientos. Se le podría recordar como un jugador por encima del promedio que lo logró con una habilidad promedio.

Pero no. Siempre será recordado como el jugador que se bajó los pantalones el 16 de julio de 1990.

Los Medias Blancas estaban jugando contra los Tigres, en Detroit. Lyons golpeó suavemente la pelota y corrió hacia la primera base. Sabía que iba a ser difícil, por eso se tiró al suelo para alcanzar la almohadilla. ¡*Safe*! El lanzador de los Tigres protestó. Él y el árbitro comenzaron a discutir y Lyons intervino para dar su opinión.

En medio del juego y del debate, Lyons sintió que le bajaba tierra por dentro de los pantalones. Sin perder un momento, se bajó los pantalones, se sacudió el polvo y ... ¡uh ah! ... veinte mil mandíbulas se cayeron y fueron a dar al piso de las graderías.

Y, como usted puede imaginar, comenzaron las bromas. Las mujeres detrás del «dugout» de los Medias Blancas ondeaban billetes de un dólar cuando entró al campo. «Nadie», escribió un columnista, «se había bajado jamás los pantalones en el campo de juego. Ni Wally Moon. Ni

Blue Moon Odom. Ni siquiera Heinie Manush».[1] En las veinticuatro horas que siguieron a la «exposición», recibió más exposición que la que había conseguido en toda su carrera: siete entrevistas en vivo por la televisión y aproximadamente veinte por radio.

«Tenemos a un lanzador, Mélido Pérez, quien a principios de este mes lanzó un juego en el que no le hicieron ni un solo hit», declaró Lyons, «y le puedo garantizar que no le hicieron dos entrevistas en vivo. Yo me bajé los pantalones y me hacen siete. Hay algo realmente al revés en este extraño juego».

Afortunadamente, Steve llevaba otros pantalones debajo de los del uniforme. De lo contrario, el juego se hubiera clasificado «R» en lugar de «PG-13».[2]

Bueno, no conozco a Steve Lyons. No soy fanático de los Medias Blancas. Ni soy muy dado a felicitar a los hombres que se bajan los pantalones en público. Pero creo que Steve Lyons merece un reconocimiento.

Creo que cualquiera que se tira al suelo para llegar a primera base merece un reconocimiento. ¿Cuántos hombres se encuentran por ahí corriendo las bases de la vida más preocupados por hacer el trabajo que por salvar sus pescuezos? ¿Con cuánta frecuencia se encuentra gente dispuesta a tirarse de cabeza para hacer algo?

No muy a menudo, ¿verdad? Pero cuando lo hacemos ... cuando vemos a un ser humano audaz haciéndole frente al viento y tomando algunos riesgos ... ah, entonces se merece una palmadita en ... la espalda.

Esto es para todos los Steve Lyons del mundo.

Esto es para los *Miracles*, un grupo coral de Memphis, Tennessee, formado por retardados mentales y valientes. Escúchelos y todavía trate de sentir pena por usted.

Esto es para el héroe del maratón de San Francisco que cruzó la meta sin haberla visto. (Era ciego.)

Esto es para la mujer cuyo esposo la abandonó con un nido de hijos por criar y cuentas por pagar, pero que de alguna manera cada domingo me dice que nunca había sentido a Dios tan cerca como ahora.

Esto es para el padre soltero con dos hijas que aprendió a hacerles trenzas en el pelo.

Esto es para los abuelos que dejaron su retiro para criar a los hijos que sus hijos no podían criar.

Esto es para la joven a la que todos le aconsejaban abortar pero que escogió tener al bebé.

Esto es para el médico que atiende a más de la mitad de sus pacientes sin cobrar un centavo.

Esto es para el adicto a la heroína que se convirtió en misionero.

Esto es para el ejecutivo que cada martes a las 5:30 a.m. dirige una reunión para estudiar la Biblia y orar.

Esto es para todos ustedes, amantes temerarios de la vida y de Dios que están parados en la primera base porque pagaron el precio para llegar allí.

¿Qué pasaría si se olvida de complacer al público y lo atrapan con sus pantalones abajo? Por lo menos está jugando con los profesionales.

La mayoría de nosotros ni siquiera estamos en su liga.

28

LIMONADA Y GRACIA

La *i* es más grande que la *l*. La *m* es mayúscula; todas las demás letras son minúsculas. Las últimas dos letras, *da*, van hacia abajo porque al artista se le acabó el espacio en el afiche.

A Norman Rockwell le hubiera encantado verlo.

Dos niñas sentadas en la acera en pequeñas sillas detrás de una mesita. La que tiene seis años es la cajera. Supervisa un frasco plástico con monedas. La de cuatro años es la que atiende al público. Ella se encarga del hielo. Sirve las bebidas. Acomoda y reacomoda los vasos de papel.

Detrás de ellas, sentado en el césped, está papá. Se recuesta en el tronco de un árbol y sonríe al ser testigo de la iniciación de sus hijas en el capitalismo.

El negocio ha estado bueno. Los clientes que han llegado ese sábado por la tarde casi han dejado el jarro vacío. El fondo del frasco-caja está cubierto con monedas que suman treinta y cinco centavos. Con la excepción de unos pequeños derrames, el servicio ha sido excepcional. Ni una queja. Muchas felicitaciones.

Parte del éxito, sin embargo, es resultado de una estrategia de mercadeo.

Nuestra calle no tiene mucho tráfico, así que hicimos un poco de publicidad. Mientras mis hijas pintaban un letrero, yo llamé a varias familias del vecindario y las invité a la gran inauguración de nuestro puesto de limonada. De modo que, hasta aquí, nuestra clientela había sido parcial.

Me sentía orgulloso. Me recosté del árbol. Cerré los ojos. Encendí el radio que había traído. Y me puse a escuchar el partido de béisbol.

Entonces escuché una voz que no me era familiar. «Quiero un vaso de limonada, por favor».

Abrí los ojos. Era un cliente. Un cliente de verdad. Un vecino que no había llamado, pasó en su automóvil, vio el letrero, paró y ordenó limonada.

¡Vaya, vaya!, pensé. Ahora sí que se va a poner a prueba la calidad de nuestro servicio.

Andrea, la de cuatro años, tomó un vaso que ya había sido usado.

«Busca un vaso nuevo», le susurré.

«Ah», rió nerviosa. Y buscó uno nuevo.

Abrió el cubo de hielo, miró, y luego se volvió a mí. «Papá, se nos acabó el hielo».

El cliente la oyó. «No importa. Lo tomaré así como está».

Tomó el jarro para llenar el vaso. Lo que salió fue una especie de sirope azucarado. «Papá, sólo queda un poquito».

Nuestro cliente habló de nuevo. «Está bien. No quiero mucho».

«Espero que le guste el azúcar», dije para mí.

Le dio el vaso al cliente y él le dio un dólar. Ella se lo dio a Jenna.

Jenna se volvió a mí. «Papá, ¿qué hago?» (No estábamos acostumbrados a recibir billetes tan grandes.)

Metí las manos a mis bolsillos. Estaban vacíos.

«Ah, no tenemos ... » empecé a decir.

«No se preocupe» dijo el cliente, sonriendo. «Quédense con el cambio».

Sonreí avergonzado. Le dio las gracias a las niñas. Les dijo que estaban haciendo un gran trabajo. Se montó en su automóvil. Y se fue.

Vaya negocio, pensé. *Le dimos la mitad de un vaso de limonada tibia y él nos dio un cumplido y un pago veinte veces mayor.*

Había querido darle a las niñas una lección sobre la libre empresa. Y terminaron con una lección sobre la gracia.

Igual que yo. Por toda la teología que nosotros los predicadores hacemos acerca de la gracia de Dios, este amable extraño la modeló mejor que el mejor de los sermones.

Quizás la historia de un extraño que trajo gracia a nuestra calle es un buen lugar para terminar este libro. Pues esta historia es la historia de cada uno de nosotros.

Cada uno de nosotros ha visto cómo se derrite nuestro hielo bajo el sol de estrés del mes de julio. ¿Quién no ha intentado hacer lo mejor, sólo para descubrir que lo mejor ya ha sido hecho y que el frasco necesita volverse a llenar? Y no existe ni una persona que no se haya preguntado qué hace Dios cuando lo que prometemos y lo que cumplimos ni siquiera están cerca de ser lo mismo.

El puesto de limonada y vivir la vida serían esfuerzos de alto riesgo si no fuera por los amables extraños que se aparecen en nuestras calles. Pero, gracias a Dios, ellos vienen.

Y, gracias a Dios porque Él vino.

¿Acaso no es Dios el extraño que se convirtió en nuestro amigo luego de pasar por alto nuestros desechos y mirar en nuestro corazón?

¿Acaso no somos nosotros mucho más que niños sorprendidos, maravillados de recibir veinte veces —¡qué veinte veces!— un millón de veces más de lo que pedimos?

La próxima vez que su calma se transforme en caos, piense en eso. La próxima vez que se encuentre en medio de una tormenta y no pueda ver a Dios en el horizonte, piense en el puesto de limonada. Y si su caminar sobre el agua se transforma en un desconcierto como le ocurrió a Pedro, alce sus ojos y mire ...

Un Amable Extraño podría estar trayendo gracia a su calle ... a su vida.

CONCLUSIÓN

ACABÉ DE HACER LO QUE USTED ACABÓ DE HACER. Simplemente, leí este libro. Mañana sale por correo. El sobre de servicio expreso para entregar al día siguiente está sobre mi escritorio. Ya escribí la etiqueta. Los editores y sus bolígrafos con tinta roja están esperando. Los prensistas y sus prensas están a la expectativa. Pero no estaba listo para mandarlo todavía. De modo que me senté en el sofá con una taza de café en la mano y subrayé, y sorbí y leí y ... satisfecho ... sonreí.

Me gustó. Quizás le sorprenda que diga esto. Porque a lo mejor piensa que cualquier escritor se siente contento con lo que escribe. Deberían hacerlo y, por lo general, así es, me imagino. Pero yo siempre tengo que, una vez el trabajo terminado, sentarme a leer lo que he escrito ... y sufrir otro poco.

Pero esta vez no fue así. Quedé satisfecho.

Sonreí con algunos pasajes del manuscrito y me entusiasmé con otros. Fue grato visitar de nuevo la orilla del mar y ver al Maestro tocando pacientemente a la gente. Me reí de nuevo con la anciana que me dio una lección en el avión. Me gustó leer sobre el lente de contacto perdido y cómo al encontrarlo, pude ver de nuevo; de la tripulación de Rickenbacker perdida en el océano y la aparición de la misteriosa gaviota; de la escalera imposible y del carpintero sin nombre.

Disfruté recordando que este es un viaje breve. Que Jesús sabe cómo me siento y que Él ha descendido del monte y caminado a través de la tormenta para convencerme.

Me hizo bien oír el trueno apacible de Dios. Espero que le haya hecho bien a usted también. Gracias por leer mi libro. Me doy cuenta que esto significó tiempo y dinero. Espero que ambas cosas hayan valido la pena.

Y espero que no olvide nunca la última Ley del Faro. La vida es como un viaje en goleta: Disfrute el paisaje. Explore la embarcación. Entable amistad con el capitán. Pesque un poco. Y luego bájese cuando llegue a casa. ¡Buen viaje!

NOTAS

Capítulo 2 • Bajo presión

1. Mateo 14.1-13
2. Lucas 9.9
3. El texto de Mateo 14.1-13 ha dado origen a alguna discusión. Al comienzo del pasaje, es evidente que Juan el Bautista ya ha muerto puesto que Herodes está preocupado pensando que Jesús pudiera ser «Juan el Bautista ... resucitado de la muerte». Jesús se retiró cuando «oyó lo que había ocurrido». Una pregunta razonable sería: ¿Qué fue lo que oyó Jesús? ¿Oyó que Juan había sido asesinado? ¿O que Herodes trataría de apresarlo a Él? ¿O una combinación de ambos? Los estudiosos que creen que Jesús se retiró solo apesadumbrado por la muerte de Juan el Bautista sugieren que Mateo sencillamente olvidó cómo había comenzado el capítulo con una referencia a Herodes. «[Mateo] ... ha olvidado la naturaleza parentética de la historia de Juan el Bautista» (R. Bultmann, *La historia de la traducción sinóptica*, ed. John Marsh [Nueva York: Harper and Row, 1963], 48). Otros eruditos creen que fue el haber sabido que Herodes lo andaba buscando lo que apresuró la ida de Jesús. Lamar Cope dice que Jesús se alejó debido al temor que Herodes le persiguiera. Escribe: «En un griego sin puntuación había formas limitadas de señalar las secciones de pensamiento» (Lamar Cope, *Publicación La Biblia Católica*, 37:4 [1976]: 515-18). Dice que el griego indica que la historia de Juan el Bautista fue insertada, y que la frase «cuando Jesús oyó» se refiere directamente a la familiaridad de Herodes con Jesús. Por lo tanto, Jesús estaba en peligro. La mayoría de los estudiosos,

sin embargo, están de acuerdo en que la frase: «Cuando Jesús oyó lo que había sucedido», se refiere a una combinación de pena y precaución. Para referencias, véase: *A Commentary Critical,* Experimental and Practical of the Old and New Testaments; Matthew-John, ed. David Brown, vol. 5 (Grand Rapids, Mich.: Eerdmans, 1948), 159; J.S. Exell, ed., *The Biblical Illustrator: Matthew* (Grand Rapids, Mich: Baker Book House, 1955), 267; J.W. McGarvey, ed., *New Testament Commentary: Matthew and* Mark, vol. 1 (Delight, Ark.: Gospel Light Publishing, 1900), 130; Alan Hugh McNeile, *The Gospel According St. Matthew, Greek Text* (London: Macmillan y Co, 1952), 212; C.E. Montefiore, *Synoptic Gospels* (London: Macmillan y Co., 1909), 60; J.B. Orchard, *A Synopsis of he Four Gospel in Greek* (Macon, Ga.: Mercer University Press, 1983), 30; Adam Clarke, *Clark's Commentary: Matthew-Acts,* vol. 5 (Nashville, Tenn.: Abingdon Press, 1831, 1967), 157; Frederick Dale Bruner, *Matthew: The Churchbook*, vol. 2 (Dallas, Tex: Word Publishing, 1990), 526, 527; William Barclay, *The Gospel of Matthew*, vol. 2 (Philadelphia, Pa.: Westminster Press, 1975), 98; *The Expositors Bible Commentary*, vol. 8 (Grand Rapids, Mich.: Zondervan Publishing House, 1984), 340, 341; véase especialmente William Hendriksen, *The Gospel of Matthew* (Grand Rapids, Mich.: Baker Book House, 1973), 593, 594.
4. Marcos 6.30 (NVI)
5. Marcos 6.12.
6. Mateo 14.21.
7. John MacArthur, *The MacArthur Commentary: Matthew 8-15* (Chicago, Ill.: Moody Press, 1987), 427.
8. Marcos 6.31.
9. Ibid.
10. Lucas 9.11.
11. Max Lucado, *God Come Near* (Portland, Oreg.: Multnomah Press, 1987), 26.
12. No es fácil de entender cómo pueden coexistir en el mismo cuerpo la divinidad y la humanidad. Sin duda, la paradoja de la Encarnación ha sido una fuente de tensión para los teólogos a través de la historia. Inquietos por el misterio, han llevado a

los pensadores a relegar la doctrina a uno de dos extremos, cada uno de los cuales es igualmente peligroso. Una línea de razonamiento, conocida como ebionitismo, niega la divinidad plena de Cristo. Los que se suscriben a esta posición rechazan la presencia de Dios en Cristo. Y se lo presenta como un genio religioso, un maestro espiritual, un gurú, pero no como el mismo Dios. Para ellos, Jesús fue la «personalidad religiosa perfecta, una vida espiritual completamente llena por la realización de Dios quien es amor» (Walter Rausenbusch, *A Theology for the Social Gospel*, 154, 155, como lo cita Bloesch en *Essentials of Evangelical Theology,* 1:135.) La otra posición ante el asunto de la encarnación de Cristo empieza con la deidasd de Cristo, pero nunca llega a su humanidad. «Docetismo» (que viene de la palabra griega *dokeo*, que significa «parecer, tener la apariencia de»), rechaza a Dios como un humano al que se puede llegar y tocar y relega a Jesús a lo metafísico. Véase Stephen Neill, *Jesus Through Many Eyes* (Philadelphia, Pa.: Fortress Press, 1976), 139. Esta forma de gnosticismo, aunque confortable con el patrón o verdad globalizante que es ejemplificada en Cristo, es incapaz de endosar la presencia plena de Dios en el hombre, Jesús. Ambas posturas, el ebionismo y el docetismo tienden a exaltar una naturaleza a expensas de la otra. Ambas son igualmente heréticas. Una lo deja a usted con un buen maestro que engañó al mundo con falsedad y trucos ... La otra ofrece un dios que simplemente se hizo pasar por humano pero que nunca lo experimentó. Los apóstoles Juan y Pablo tienen palabras fuertes para ambos. «En esto conoced el Espíritu de Dios: Todo espíritu que confiesa que Jesucristo ha venido en carne, es de Dios; y todo espíritu que no confiesa que Jesucristo ha venido en carne, no es de Dios» (1 Jn 4.2-3). «Porque en él habita corporalmente toda la plenitud de la Deidad» (Col 2.9). «En el principio era el Verbo, y el Verbo era con Dios, y el Verbo era Dios» (Jn 1.1). Fue este Verbo (Jesús) quien asumió la condición humana y «habitó entre nosotros ... lleno de gracia y de verdad» (Jn 1.14). Otros pasajes de la Escritura se unen al coro. Jesús «nacido de mujer y nacido bajo la ley» (Gá 4.4). Él compartió en «su humanidad» (He 2.14). «Y Cristo ... ofreció ruegos y súplicas con gran clamor y lágrimas» (He 5.7). Él creció en «sabiduría y estatura» (Lc 2.40). Pero, aunque humano, Él era divino. Se le llamó «nuestro gran Dios y Salvador Jesucristo (Tit 2.13). Perdonó pecados (Mr 2.5, 7, 10). Resucitó a los muertos; y dio y da vida (Jn 5.21). Derrotó a la muerte (2 Ti 2.8). ¿Cómo podemos justificar la paradoja? ¿Cómo explicar que «el Señor se humilló para tener comunión con el hombre y de igual manera el Siervo exaltó la comunión con Dios?» (Karl Barth, *The Humanity of Gods*, trad. Thomas Wieser y John Newton Thomas [Richmond, Va.: John Knox Press, 1964], 64). ¿Cómo explicar que Dios fue igualmente humano y divino? No podemos. Es un secreto más allá de nuestro alcance y, en consecuencia, digno de nuestra adoración. Por eso Pablo escribe: «Indudablemente grande, confesamos, es el misterio de nuestra religión: Él fue manifestado en la carne, vindicado en el Espíritu, visto por los ángeles, predicado entre las naciones, creído en el mundo, tomado arriba en gloria (1 Ti 3.16, trad. libre de Harper Study Bible Revised Standard Version).

13. *More of Paul Harvey's The Best of the History,* ed. Paul Aurandt (New York: Bantman Books, 1980), 79, 80.

Capítulo 3 • Amor de madre: Empatía de amigo

1. Mateo 14.14.
2. Marcos 6.34.
3. Lucas 9.11.
4. Véase Juan 6.15, 26.
5. Mateo 14.14.
6. Mateo 14.15.
7. Mateo 14.16.
8. Marcos 6.37.
9. Ibid.
10. Marcos 6.41.

Capítulo 4 • Cuando los pescadores no pescan

1. Marcos 6.34.

2. Mateo 14.14.
3. Ibid.
4. Marcos 6.34.

Capítulo 7 • Gracias por el pan

1. Juan 6.1-14.

Capítulo 9 • Voces engañosas

1. Ann Trebbe y Valerie Helmbreck, «"Ideal" es un cuerpo hermoso y "elegante"» *USA Today*, 15 de septiembre 1989.
Juan 6.14.
1. Juan 6.15.
2. Juan 10.3.
3. Apocalipsis 3.20.
4. Mateo 28.20.
5. Hebreos 13.5.
6. Juan 5.28-29.

Capítulo 10 • La foto y el archivo

1. Mateo 5.5.
2. Filipenses 1.10.

Capítulo 11 • Ver a Dios a través de vidrios rotos

1. Mateo 14.22-24.
2. Marcos 6.52.
3. Mateo 14.15.
4. Ibid.

Capítulo 12 • Dos padres, dos fiestas

1. 1 Tesalonicenses 5.9.
2. Isaías 57.15.
3. Salmos 74.10; 89.46.

4. 1 Crónicas 29.15.
5. Salmos 39.5.
6. Santiago 4.14.
7. Salmos 103.15, 16.
8. 2 Corintios 4.16-18
9. 2 Corintios 11.23-27.

Capítulo 14 • El milagro del carpintero

1. Mateo 14.23.

Capítulo 15 • La sabiduría del leñador

1. Eclesiastés 7.8.
2. Romanos 12.12.
3. Mateo 6.34.

Capítulo 16 • Leyes del faro

1. Como es citado por Stephen R. Covey, *The Seven Habits of Highly Effective People* (New York: Fireside – Simon & Schuster, 1989), 33.

Capítulo 17 • Él habla a través de la tormenta

1. Job 42.5.
2. Job 13.4, 5.
3. Job 33.29.
4. Job 38.2.
5. Job 38.3.
6. Job 38.4.
7. Job 38.5-7.
8. Job 38.12, 13.
9. Job 38.17-21.
10. Job 40.4, 5.
11. Job 41.11.
12. Job 42.5.

Capítulo 18 • Reflexiones de un peregrino

1. Mateo 17.1-5.
2. Lucas 9.29.
3. Mateo 17.5.

Capítulo 19 • Nuestra tormenta fue su sendero

1. Mateo 14.27.
2. Mateo 14.28.

Capítulo 20 • Lo volverían a hacer

1. Mateo 14.33.

Capítulo 21 • Castillos de tristeza

1. 2 Corintios 7.10.

Capítulo 22 • Miedo que se transforma en fe

1. Juan 6.19.
2. Proverbios 9.10.
3. Éxodo 14.15, 16.
4. 2 Reyes 5.13, 14.
5. Romanos 3.
6. Hechos 12.6-17.
7. Mateo 14.28.
8. Efesios 2.8-9.
9. «Roca de la eternidad, sé mi escondedero fiel», por Augusto M. Toplady.
10. «Mi esperanza firme está» por Edward Mote.
11. «Gracia admirable», por John Newton.
12. Mateo 14.30.
13. Ibid.
14. Mateo 14.31.
15. «Gracias admirable», por John Newton.

Capítulo 23 • Por qué Dios sonríe

1. Mateo 15.28.
2. Mateo 15.22.
3. Mateo 15.24.
4. Mateo 15.25.
5. Mateo 15.26.
6. Mateo 15.27.
7. Paul Lee Tan, *Encyclopedia of 7700 Illustrations* (Rockville, Md.: Assurance Publishers, 1979), 509.
8. Daniel 9.18.

Capítulo 24 • El visitante que se hizo sacrificio

1. Mateo 15.29-32.

Capítulo 25 • Santidad en bata de levantarse

1. 1 Pedro 4.8.
2. Hebreos 10.14.
3. Gálatas 3.27.
4. Colosenses 3.27.
5. 2 Corintios 5.21.

Capítulo 26 • La elección

1. Génesis 1.1.
2. Génesis 1.31.
3. Marcos 15.34.

Capítulo 27 • Sorprendido con los pantalones abajo, pero la cabeza arriba

1. «Moon Man», *Sports Illustrated,* 13 de asgosto 1990, 58-63.
2. Sistema de clasificación que se usa en las películas de cine. La «R» significa que está permitida solo para adultos y el «PG-13», sugiere discreción a los padres de niños menores de 13 años.

GUÍA DE ESTUDIO

Es mi esperanza que este libro le haya alentado no sólo a enfrentar y sobrevivir, sino también a crecer a través de las tormentas de la vida. Que le haya dado ánimo para ver a Cristo de pie, imponente, en medio de las inmensas olas y a caminar para tomar su mano santa y ayudadora.

Esta guía de estudio está diseñada para ayudarle a que vaya desde los pensamientos alentadores hasta arriesgarse a vivir en el ojo de la tormenta. Si forma parte de un grupo que ha estado leyendo este libro, le recomiendo trabajar una sesión de estudio por semana. (Líderes de grupo, por favor fíjense que algunas de las preguntas que encontrarán en esta guía son personales; por lo tanto, siempre será voluntario el decidir compartir las respuestas con el grupo.)

Sea que usted usa esta guía de estudio solo o con un grupo, le sugiero que tenga a mano su Biblia y su cuaderno de apuntes. Anote los pensamientos y descubrimientos que surjan del estudio. ¡Ore con fervor sobre cómo Dios le ayudará a responder a sus promesas! Use esta guía no como un fin en sí misma, sino como un catalítico para más estudio, como una herramienta para el fortalecimiento de su fe contra la furia de la tormenta.

PRIMERA SESIÓN

Capítulo 1 *De la calma al caos*

1. Describa un momento cuando su vida pasó de la calma al caos. ¿Cuándo ocurrió? ¿Cuáles fueron las circunstancias? ¿Quién más, aparte de usted, estuvo involucrado?

2. Después, ¿cómo se sintió al experimentar ese paso repentino de la paz al caos? ¿Se recuperó rápidamente o todavía le quedan cicatrices del trauma?

3. Piense en los códigos internos que tal vez usó para enfrentar el caos. ¿Fueron los correctos? ¿Sabía cómo usarlos? ¿Qué códigos necesita conocer para mantener control sobre las presiones?

Capítulo 2 *Dios bajo presión*

1. Después de saber de la muerte de Juan el Bautista y de la amenaza de Herodes y ver cuán cansados estaban los discípulos, Jesús buscó un «respiro». Él y sus discípulos «se fueron en un bote a un lugar solitario» (Lc 9.9).

Cuando usted tiene que enfrentar una situación difícil, cuando llega a los límites de su aguante, dolor, rechazo y soledad, ¿cómo se toma un «respiro»? ¿Adónde va? ¿Qué hace?

2. Los siguientes pasajes describen algunas de las promesas de Dios a las que podemos echar mano en tiempos de estrés: Salmos 33.20; 34.7; 145.18; Proverbios 30.5; Isaías 41.10; 43.2; Mateo 28.20; Juan 16.33; Romanos 8;17; Efesios 6:10-17; Hebreos 13.6; 1 Pedro 5.10. Escoja

el que sea más significativo para usted y escríbalo o apréndalo de memoria de modo que pueda ayudarle la próxima vez que su mundo amenace con ir de la calma al caos.

3. Mientras Jesús y los discípulos iban en el bote, reinó la paz. De repente, cuando llegaron a tierra, se vieron rodeados de nuevo de muchísima gente y arruinaron sus esperanzas de tener unas pocas horas solos.

¿Se imagina la escena? Describa una ocasión en que lo que deseaba y lo que consiguió fue completamente diferente. ¿Cómo se sintió? ¿Cuál fue su reacción?

4. Lea Hebreos 4.15. ¿Cuál es su primera reacción a la afirmación: «Jesús sabe cómo usted se siente»? ¿Se siente tentado a pensar: «Él sabe cómo me siento la mayor parte del tiempo, pero *no creo que sepa* cómo en realidad me siento en *esta* situación en particular»?

Al revisar las experiencias de su vida, ¿le es difícil pensar que Jesús ha vivido todo lo que usted ha vivido? ¿Qué cree usted que Jesús no ha experimentado?

¿Por qué le parece difícil creer que Jesús sepa cómo usted se siente? ¿Qué diferencia puede haber en que Jesús haya compartido plenamente nuestra experiencia de tentación y que nunca haya pecado?

¿Qué experiencias o heridas necesita llevarle a Jesús entendiéndolo como Padre y Médico para que lo sane?

5. Escriba o analice cuáles de las siguientes referencias nos hablan de Jesús: Marcos 2.5, 7, 10; Lucas 2.40; Juan 1.1, 14; Juan 5.21; Colosenses 2.9; Tito 2.13; Hebreos 2.14a; Hebreos 5.7; 1 Juan 4.2b, 3a.

SEGUNDA SESIÓN

Capítulo 3 *Amor de madre, empatía de amigo*

1. Piense en esto: «Jesús conocía el valor de la persona. Él sabía que cada ser humano es un tesoro. Por eso, las personas no son fuentes de estrés sino una fuente de gozo».

¿Podría decirse lo mismo de usted? ¿Qué es lo que en su opinión hace la diferencia entre ver a las demás personas como una fuente de estrés o una fuente de gozo?

2. Trate de ponerse en el lugar de Jesús cuando las multitudes lo rodeaban. ¿Habría usted sanado a todos los enfermos ese día, o sólo a algunos pocos? ¿Sobre qué criterios hubiera hecho su decisión?

3. En su vida diaria, ¿qué criterio usa para determinar si va a ayudar, o no, a alguien? ¿Cómo el ejemplo de Dios en cuanto a ayudar y sanar según su bondad abundante afecta sus decisiones de ayudar a otros? ¿Bajo qué condiciones está usted dispuesto a ayudar a las personas que «no desean entregar su vida a Cristo»?

4. Si tuviera que señalar tres áreas de su vida que Dios «vigila» cuando le expresa su amor, ¿cuáles mencionaría?

5. Irritados por la muchedumbre, los discípulos pidieron a Jesús que los «mandara a cambiar» (Mt 14.15). ¿A quién su vida ha mandado a cambiar cuando pudo haber satisfecho su necesidad en amor?

6. ¿Cómo responde usted a las demandas que le hace la gente? ¿Qué le ha pedido Dios que haga que le ha dejado boquiabierto y preguntándose si estaría bromeando? ¿Por

qué piensa que Dios podría pedirle que hiciera algo imposible? Lea Hebreos 11.1 y Romanos 10.17. ¿Qué es fe y de dónde viene?

7. ¿Qué le ha dado Jesús que puede capacitarlo para entender cómo se sienten los demás? En este momento ¿hay alguien en su vida a quien debería alcanzar con el amor de Cristo?

8. Señale tres áreas de su vida en las que podría demostrar más paz y menos caos. ¿Cómo podrían los dos códigos interiores: «Jesús sabe cómo me siento» y «las personas son preciosas» cambiar la forma en que usted maneja el caos?

TERCERA SESIÓN

Capítulo 4 *Cuando los pescadores no pescan*

1. *Compasión* quiere decir sentir una profunda pena por una persona que sufre y desear aliviar su sufrimiento. Mateo 14.14 dice que Jesús tuvo compasión de la gente, de modo que cambió su agenda de un tiempo de quietud y descanso en ofrecer sanidad para el cuerpo y el alma.

¿Alguien le ha mostrado una compasión tan profunda? Si es así, ¿cómo es sentirse bendecido por la compasión de otra persona?

¿Cuándo ha sentido compasión por otra persona o grupo de personas? ¿Qué acción compasiva se apresuró a llevar a cabo?

2. ¿Cuándo ha traído Dios a su vida personas con sufrimientos para que les quite su soledad y lo ha impulsado al servicio? Explique cómo encontró o no encontró la perspectiva correcta cuando tal cosa ocurrió. Describa el balance

entre servicio y soledad que promueven una perspectiva piadosa en su vida.

3. Lea Marcos 6.7-12, 30, 31. ¿Verdad que los discípulos se sentían realizados cuando salieron a pescar? Era tal su entusiasmo que la presión de la multitud no los afectó.

¿Cuándo se siente usted realizado? ¿Qué «milagros» hace usted en el nombre de Jesús que lo ponen tan feliz que las multitudes no lo molestan y hasta se olvida de comer?

4. Las palabras de Jesús en Lucas 6.41-42 ilustran lo que ocurre cuando la gente deja de pescar y prospera y empieza a pelear.

5. En términos prácticos, ¿qué pasos cree usted que debe dar para concentrar más su energía en pescar y prosperar? ¿En qué forma tiende a quejarse de las medias hediondas de sus amigos en el *camper*?

Capítulo 5 *La alegría de la travesía*

1. Es fácil juzgar a otros, ¿verdad? Lea los siguientes versículos: Levítico 19.15; Proverbios 24.23; Hechos 10.34; Romanos 10.12; Gálatas 2.6.

¿Cuándo ha emitido usted juicios que no debió haber hecho, olvidando lo que pudo haber aprendido de las personas juzgadas?

2. ¿Cuándo su jornada se ha visto interrumpida por una lección que necesitaba aprender? ¿Qué lección aprendió? ¿Fue aquella una lección que necesita recordar con frecuencia?

3. ¿Cómo podrían relacionarse con su estilo de vida las palabras de Jesús sobre una vida abundante (Juan 10.10b)? Si tuviera que desarrollar esta semana tres actividades sólo

por diversión, ¿cuáles decidiría hacer? ¿En qué manera podría agregar alegría a sus actividades rutinarias en su vida?

CUARTA SESIÓN

Capítulo 6 *Asombroso*

1. Después de leer este capítulo y la lista de cosas «increíbles», ¿qué aspectos increíbles en su vida tiende a ignorar? ¿Cómo podría su vida ser diferente si reconociera más las cosas extraordinarias de su vida diaria?

2. Lea Job 384-39:30; 40:9-41:11. ¿Cómo estas imágenes amplían su visión de lo extraordinario?

3. Piense en las cosas que rodearon el segundo día más agotador en la vida de Jesús (Mt 14.1-21; Mr 6.7-44; Lc 9.1-17).

¿Qué cosas increíbles cree usted que los discípulos pudieron fácilmente haber pasado por alto aquel día? Si hubiesen visto aquellas cosas como realmente increíbles, ¿en qué forma su reacción habría sido diferente?

Al considerar estos acontecimientos y la reacción de los discípulos, ¿qué paralelos ve en su propia vida?

4. Lea 1 Tesalonicenses 5.18. ¿Por qué cosas increíbles puede usted dar gracias ahora?

Capítulo 7 *Gracias por el pan*

1. Este capítulo cuenta la historia de un ingeniero que se arriesgó con buenos resultados. ¿Cuándo su vida ha sido tocada por alguien que se arriesgó para ayudarle?

2. Lea Juan 6.1-14.

¿Ha hecho usted alguna vez, como el niño de la historia, algo que hizo que otros se rieran de usted? ¿Cómo se sintió? ¿Qué lo motivó a hacer lo que hizo, a sabiendas de los riesgos que corría?

¿Cuáles fueron los resultados de su acción? ¿Si no conoce los resultados, cuáles esperaba que fueran?

3. Jesús multiplicó el almuerzo del niño de tal manera que sobraron doce canastos de comida. ¿Cómo podría esta ilustración relacionarse a sus regalos? ¿Cree usted que Dios puede usarlo para hacer grandes cosas para Él? ¿Por qué sí o por qué no?

4. A menudo, la gente dice: «Usted decide lo que es bueno para usted y yo decido lo que es bueno para mí. Así es que no me obligue a creer lo que usted cree». ¿Qué dice este capítulo sobre cómo Dios puede hacernos tomar riesgos y compartir nuestra fe con otros?

5. ¿Quién en su vida merece su gratitud por el riesgo que se tomó por usted?

QUINTA SESIÓN

Capítulo 8 *Charlas en Mineápolis*

1. ¿A quién llama usted cuando «llama a casa», como lo hizo el autor en el capítulo ocho? ¿Qué es lo que hace de una llamada así algo tan especial para usted?

2. ¿Cuál de los siguientes versículos habla de la disposición de Jesús a escuchar y responder cuando le llamamos? Salmos 91.15; Isaías 55.6; 58.9; 65.24; Jeremías 33.3; Lucas 11.9.

3. ¿Cómo reacciona usted cuando, como Jesús en Mateo 14.19, enfrenta grandes presiones? ¿Se enoja? ¿Manda a la gente a cambiar? ¿Toma un momento para pedirle ayuda a Dios?

Cierre sus ojos y, como Jesús, escuche los sonidos familiares y reconfortantes del cielo. Piense en lo que oye.

¿Cómo esos sonidos podrían hacer variar la forma en que usted maneja las cosas si se detuviera a escucharlos la próxima vez que esté bajo fuerte tensión?

Capítulo 9 *Voces engañosas*

1. Voces de tentación nos hablan en los cuartos de hotel, desde la televisión, en la oficina ... por doquiera. ¿Qué voces reclaman su atención? ¿Qué mensajes le están enviando?

2. Fíjese cómo respondió Jesús al aplauso de las gentes (Jn 6.14-15). Señale dos tentaciones que usted enfrenta y que por encima parecen positivas y edificantes pero que en la realidad estarán induciéndolo a pecar. ¿Cómo responde a las voces clamorosas y a las tentaciones en su vida?

3. En Juan 10.1-5, Jesús se refiere a cómo las ovejas escuchan a la voz de su pastor. En los versículos 7-17, dice que Él es el Buen Pastor y que sus ovejas responden a su voz.

¿Cómo cree usted que se manifiesta en su vida la voz de Jesús? ¿Puede siempre oír esa voz? ¿Cómo puede usted buscar más intensamente de modo de poder ser guiado por Él?

4. Considere Juan 5.28, 29. ¿Qué ocurriría si todos oyéramos la voz de Dios?

Capítulo 10 *La foto y el archivo*

1. Eche una mirada a las actividades que ha planeado para las semanas y meses que vienen. ¿Qué le dicen sobre sus prioridades?

2. Si en su vida pudiera hacer de cuatro cosas una prioridad, ¿cuáles elegiría?

Compare estas cuatro cosas con su calendario de actividades. ¿Qué le parece lo que ve? ¿Hay un balance entre sus prioridades y su calendario de actividades? ¿Qué cambios establecerían un mejor balance entre sus prioridades y las actividades que planea desarrollar?

3. Lea Filipenses 1.9-11. ¿Cómo podrían estas palabras ayudar a fijar las prioridades en su vida?

4. Cuando algunas personas le piden que haga ciertas cosas para ellos ¯cosas que usted no está convencido que deba hacer¯ por lo general, ¿cómo responde?

Describa la última vez que alguien usó la culpa y/o el orgullo para tratar de inducirlo a hacer una decisión equivocada?

Lea Mateo 14.22. ¿Ha usted alguna vez «despachado a las multitudes» o dicho «no» por buscar a Dios? ¿Cómo se sintió al hacer tal decisión?

5. ¿Quién en su vida lo ama por lo que usted es más que por lo que puede hacer? ¿Qué lugar tiene esa persona (o personas) en su orden de prioridades?

6. ¿Le pareció pertinente la historia de los dos vapores? ¿Ha ganado alguna vez una carrera a costa de quemar toda la carga? Si su respuesta es positiva, descríbala.

SEXTA SESIÓN

Capítulo 11 *Ver a Dios a través de vidrios rotos*

1. ¿Puede recordar una ocasión en que el dolor hizo añicos sus expectativas de Dios, cuando Él hizo algo que no le pareció justo o le dio lo contrario de lo que esperaba recibir? ¿Cómo esa experiencia afectó su relación con Dios?

2. ¿Tiene usted una frase (o quizás varias) que está siempre lista para completar esta: «Si Dios es Dios, ¿entonces por qué no ...»? ¿Cuál es esa frase? ¿Cómo se originó y desarrolló esa frase en su mente?

3. Lea Mateo 14.22-24. Describa una ocasión en que se sintió solo en la tormenta, abandonado de la protección y cuidado de Dios. ¿Se sintió fatigado o incluso exhausto?

¿Cómo se sintió respecto de Dios en esa ocasión? ¿En qué manera su corazón, como el de los discípulos, se endureció contra Él? (véase Mr 6.52).

4. ¿Ha usado Dios, alguna vez, alguna circunstancia aparentemente imposible, agotadora y dolorosa para enseñarle algo acerca de Él o su relación con Él? Describa la circunstancia y la lección.

5. ¿En qué áreas de su vida podría usted confiar más en Dios, en lugar de criticar la forma en que le parece que Él trabaja?

Cuando aparezca en su vida la próxima tormenta ¿cómo cree estar mejor preparado para ver a Jesús actuando en medio de ella?

Capítulo 12 *Dos padres, dos fiestas*

1. Según 1 Tesalonicenses 5.9, ¿cuál es el destino final de Dios para su vida? ¿En qué maneras prefiere «descansar en lugar de viajar» hacia el destino que Dios tiene para usted?

2. ¿Cuándo se ha encontrado en una sala de clases inverosímil, o en una «decisión de choque» con Dios sugiriendo dónde detenerse o cambiar de rumbo? ¿Quién triunfó?

3. ¿A qué petición Dios ha dicho «no» a lo largo de su vida? ¿Cuáles «noes» fueron más fácil o difícil de aceptar? ¿Por qué?

4. Vuelva a leer 1 Crónicas 29.15, Salmos 39.5, Santiago 4.14 y Salmos 103.15, 16. ¿Qué dicen estos versículos sobre nuestra vida? ¿En qué sentido han sido importantes?

5. ¿Cuál será la recompensa eterna si usted deja que Dios planee su vida en esta tierra? ¿Qué significa, realmente «ser renovado día a día»? (Véase 2 Co 4.16-18).

¿Qué hace que los líos de la vida valgan la pena? ¿Cree que Dios «hará lo correcto ... y lo mejor» en su vida? ¿Por qué sí o por qué no?

6. ¿Cómo se siente al pensar en las semanas que tiene por delante? ¿Cansado? ¿Tenso? ¿Irritado? ¿Gozoso? ¿Animado? ¿Qué «tribulaciones leves y momentáneas» está enfrentando en estos días? ¿Cómo pueden estas tribulaciones alcanzar para usted una gloria eterna»? (Véase 2 Co 4.16-18.)

7. Escriba tres cosas que Dios quiere que le conceda esta semana. Luego ore sinceramente pidiendo fuerzas para seguir el destino que Él ha escogido para usted.

SÉPTIMA SESIÓN

Capítulo 13 *Tormentas de dudas*

1. Los discípulos de Jesús no fueron los únicos en la Biblia que tuvieron tormentas de dudas. Moisés parecía estar plagado de ellas (Éx 3.7-4.17; 5.20-6.12; 6.28-7.6; 17.1-7, sólo para nombrar algunas). El libro de Job entero es toda una tormenta de dudas. Algunos de los discípulos de Jesús enfrentaron tormentas de dudas después que Él murió (Lc 24.13-32).

¿Puede usted imaginarse la intensidad de estas tormentas de dudas? ¿En qué forma Dios mostró su luz? ¿Cree usted que estos destellos de luz eran esperados? ¿Por qué sí y por qué no?

2. Describa sus más negras tormentas de dudas. ¿En qué manera inesperada Dios le mostró su luz en medio de esas tormentas?

3. ¿Qué luz apacible de Dios ha visto recientemente? ¿La vio en una forma en que no lo esperaba?

4. ¿Ha dejado de ver –o casi dejado de ver– la luz apacible de Dios en medio de sus tormentas de dudas? ¿Cómo puede usted entrenar su corazón para ver la luz apacible de Dios más claramente?

Capítulo 14 *El milagro del carpintero*

1. Escriba o comparta un tiempo cuando, como las Hermanas de Loreto, usted o alguien cercano a usted se vieron frente a lo que parecía una situación imposible y «ascendieron la montaña de la oración». Quién, o qué, trajo Dios a su vida para suplir su necesidad?

2. Cuando Jesús enfrentó un día muy complicado, dedicó tiempo a la oración. ¿Qué hace usted cuando las cosas se le ponen difíciles? ¿Se esfuerza al máximo o se pone a orar? ¿Se irrita u ora? ¿Le cuesta mucho decidirse a orar cuando las cosas se ponen difíciles?

3. ¿Cuáles son los abismos tan profundos en su vida que usted no puede cruzar solo? Cree que Jesús vino a constituirse en el puente entre el lugar donde usted se encuentra y el lugar donde debería estar? Si es así, escriba cómo planea buscar a Dios para que lo guíe y capacite para cruzar el abismo.

Capítulo 15 *La sabiduría del leñador*

1. Por un minuto piense en la historia del leñador. ¿Cómo habría reaccionado usted a las cosas que le ocurrieron a él? ¿Se habría apresurado a sacar conclusiones o habría esperado el desarrollo de los hechos?

   Piense en la forma en que usted juzga las tormentas que ocurren en su propia vida. ¿Cree que le haría bien adoptar una perspectiva más parecida a la del leñador en lugar de la de los habitantes del lugar? Explique su respuesta.

2. ¿Por qué cree que es más fácil juzgar «con solo la evidencia de un día»? ¿Cuáles son los peligros de juzgar demasiado rápido?

3. Describa una ocasión cuando emitió un juicio sobre una circunstancia específica sin darse cuenta cuán limitada era su perspectiva. ¿Cuál fue el resultado de su juicio? ¿Resisten sus juicios la prueba del tiempo, o prueban ser sólo fragmentarios?

4. Lea Mateo 6.33-34. ¿Qué cree que Jesús estaba tratando de comunicar a sus seguidores a través de esas palabras? ¿Cómo esas palabras le dan perspectiva a su vida?

OCTAVA SESIÓN

Capítulo 16 *Leyes del faro*

1. Sobre la base del concepto de las leyes del faro, ¿de dónde mayormente vienen sus señales? ¿De otras naves en el mar? ¿De amigos en el barco? ¿De faros que alteran la posición con la fantasía de la cultura? ¿El faro de la palabra de Dios probado por el tiempo?

2. Revise la lista de luces que el autor busca y las señales que escucha. ¿Cuáles se oponen a usted? ¿Por qué?

Haga ahora su propia lista. Anote las luces y señales que cree que son vitales.

3. ¿Con cuánto cuidado está escuchando las advertencias de las leyes del faro? En términos prácticos, ¿qué puede hacer para prestar más atención a tales leyes?

Capítulo 17 *Él habla a través de la tormenta*

1. Describa las circunstancias más difíciles que ha tenido que enfrentar. ¿Quiénes estuvieron involucrados? ¿Qué pasó? ¿Cuánto tiempo duraron?

¿Cuestionó a Dios o se rebeló contra Él en ese tiempo? ¿Cuál fue el resultado?

¿Qué aprendió a través de esa experiencia? ¿Cómo afectó esto su opinión acerca de usted mismo? ¿De Dios? ¿De otros?

2. Piense en amigos que lo «socorrieron» en tiempos difíciles. ¿Qué tipo de sabiduría le comunicaron? ¿Qué clase

de consejo ha dado usted a otros cuando han vivido tiempos difíciles?

3. ¿Recibe usted de vez en cuando el amor sin límites de Dios con desconfianza? Mencione una situación en la cual usted creyó que el amor de Dios no era muy importante. ¿Cuál fue el resultado?

4. Lea Job 1.8-12;2.3-7. ¿Por qué permitió Dios que cosas tan difíciles le ocurrieran a Job? ¿Por qué ese conocimiento agrega perspectiva a lo que le ocurrió a Job? ¿Proyecta ese conocimiento alguna luz a los sufrimientos en su vida o en la vida de alguien que usted conoce? Si es así, explique.

5. El autor dice que a Dios «se le oye mejor en la tormenta». ¿Le parece? ¿Por qué sí y por qué no?

6. Lea Job 38-41. ¿Cuál es el mensaje de Dios para usted en su respuesta a las preguntas de Job?

7. Cuando Dios terminó de hablar, Job dijo: «De oídas te había oído; mas ahora mis ojos te ven» (Job 42.5). ¿Qué ganó Job como resultado de ver a Dios?

Capítulo 18 *Reflexiones de un peregrino*

1. ¿Por qué cree que Dios el Padre habló a Jesús en el monte? (Véase Mt. 17.1-5).

2. ¿Qué clase de experiencias lo hacen a usted intolerablemente cansado, dejándole en la falda del monte sentado y con el rostro entre las manos? ¿Cómo puede recuperar el ánimo en este tiempo?

3. Describa una ocasión cuando Dios transformó su desolación y satisfizo su necesidad en una forma concreta.

NOVENA SESIÓN

Capítulo 19 *Nuestra tormenta fue su sendero*

1. ¿Ha usado Dios alguna vez una tormenta «como su sendero para llegar a usted»? ¿Si tal ha sido el caso, ¿cuáles fueron las circunstancias? ¿Cuál fue el resultado en su vida? ¿En las vidas de otros alrededor suyo?

2. ¿Cuál es su reacción habitual cuando una tormenta lo levanta y lo deja caer? ¿Le parece que es más fácil sentarse en una agitada embarcación que caminar sobre el agua hacia donde está Jesús? ¿Por qué sí y por qué no?

3. ¿Ha gritado alguna vez: «¿Señor, eres tú?» cuando se ha sentido desesperadamente temeroso en su vida y le ha parecido ver una imagen yendo hacia usted? Si tal ha sido el caso, ¿cuál ha sido la respuesta? ¿Fue tan reconfortante como la respuesta de Jesús en Mateo 14.27?

4. ¿Ha usted caminado alguna vez por fe, como lo hizo Pedro? (Véase Mt 14.28-29). ¿Por qué lo hizo? ¿Cuál fue el resultado?

5. Escriba la ocasión en su vida cuando Dios respondió a su necesidad en una forma especial y usted supo que a partir de entonces nunca volvería a ser el mismo. ¿Qué descubrió sobre Dios en tal situación que nunca había visto antes?

6. La mayoría de nosotros tendemos a despreciar el intento de Pedro de caminar sobre las aguas, porque al fin empezó a hundirse. ¡Pero a lo menos él se atrevió a salir del bote! ¿En qué maneras puede usted dar pasos de fe y salir del bote esta semana?

Capítulo 20 *Lo harían de nuevo*

1. Al igual que los discípulos, ¿ha usted realmente adorado a Dios por quién es Él y por lo que ha hecho por usted? Si ha sido así, ¿cuándo? Si no, ¿por qué no?

2. ¿Qué cosa ha hecho Cristo que lo ha tocado de tal manera que su reacción no podría ser otra que adoración?

3. ¿Qué clase de «ayuda» busca usted cuando se desata una tormenta en su vida? ¿Cómo se podría comparar eso con la fuerza de Dios?

4. ¿En qué momento en su vida ha encontrado más fácil volverse a Dios cuando azota la tormenta? ¿Le ha sido difícil adorar a Dios aun después que la tormenta en su vida se hubiese aquietado? Explique su respuesta.

5. ¿Qué precio está usted dispuesto a pagar por una visión clara de Dios?

DÉCIMA SESIÓN

Capítulo 21 *Castillos de tristeza*

1. ¿Cuáles de sus «ayeres» mantienen cautivos a sus «hoyes»? ¿Cuáles «guaridas en su castillo» necesita abrir a la luz del día? ¿Qué miedos, fracasos, sentimientos de culpa o esperanzas perdidas necesita rendir a Dios? Quizás usted necesite pensar en esta respuesta ante el Señor durante un tiempo especial con él.

2. Contraste los dos tipos de tristeza mencionados en Corintios 7.10. ¿Cuáles son los resultados de cada clase de tristeza? ¿Qué tipo de tristeza desempeña el papel más grande en su vida?

3. ¿Qué clase de fachada coloca usted para esconder su culpa, fracasos o sentimientos de incapacidad? ¿Qué esperanza le ofrece la historia del encuentro de Pedro con Jesús sobre el mar (Mt 14.28-32)?

4. Lea Salmos 1.1-2; Colosenses 3.16; Efesios 1.7; 2.8-9; Santiago 1.22-25; 1 Juan 1.9; 2.12, 14. ¿Cuál es el fundamento de su casa espiritual? ¿Qué puede hacer para fortalecerlo?

Capítulo 22 *Miedo que se transforma en fe*

1. ¿Cómo reacciona usted cuando se siente contra la pared? ¿Se agranda o se debilita su fe? ¿Se abraza a Dios o se refugia en su propia autosuficiencia?

2. ¿Estaría de acuerdo en que «a menudo la fe es hija del miedo»? ¿Por qué sí o por qué no?

¿Qué circunstancias de su vida han hecho que su fe se agigante?

3. ¿Cómo definiría fe tal como se describe en este capítulo?

Compare su respuesta con la descripción de fe en Hebreos 11.1, 6.

4. Mateo 14.28-31 nos habla de la aventura de Pedro al caminar sobre el agua. ¿Qué paralelos ve usted entre este pasaje y algunos aspectos de su vida? Describa un tiempo cuando dio un pequeño paso de fe y se sorprendió al ver la forma en que Dios suplió su necesidad.

5. Lea Mateo 21.21-22; Romanos 1.17; 5.1, 2. Gálatas 2.16; Efesios 2.8. ¿Cómo responde el Señor cuando usted ejercita su fe?

Anote tres formas específicas en las cuales usted ha puesto en acción su fe esta semana: en la casa, en el trabajo, con amigos. Comparta sus pasos de fe con algún amigo o un familiar.

UNDÉCIMA SESIÓN

Capítulo 23 *Por qué sonríe Dios*

1. ¿Qué le parece la idea que Dios se ríe? ¿Un Dios sonriente? ¿Se siente confortable al pensar en esto? ¿Le es difícil imaginarse a Jesús como alguien tan real? Explique sus respuestas.

Piense en las cosas que le ocurrieron a Jesús durante su vida. ¿En cuáles lo puede imaginar sonriendo o haciendo un guiño?

2. Jesús dijo que la mujer mencionada en Mateo 15.21-28 tenía una gran fe. ¿Qué fue, en su opinión, lo que lo impresionó de su fe? ¿Es lo que usted esperaba que le hubiera impresionado? ¿Por qué sí y por qué no?

Lea Hebreos 11.4-32. Haga una lista de otras personas en la Biblia que impresionaron a Dios por su fe. ¿Conoce a alguna persona que lo impresione a usted por su fe? Si es así, qué es lo que específicamente le ha impresionado?

3. Lea Mateo 14.23. ¿Cuál fue la actitud de los discípulos hacia la mujer? ¿Cómo cree que se sintieron después que Jesús habló con ella y atendió a su ruego?

¿Por qué, en nuestra cultura tan veloz, es fácil reaccionar con personas como la mujer en la forma que reaccionaron los discípulos? A la luz de este ejemplo bíblico, ¿cómo podría cambiar su actitud hacia los demás?

4. ¿Le parece que está más de acuerdo con usted tratar de conseguir la salvación por el concepto antiguo, es decir, ganándosela? Si su respuesta es sí, haga una lista de las formas en que trataría de impresionar a Dios. Si no, describa las formas en las cuales Dios ha decidido misericordiosamente bendecirlo.

Capítulo 24 *El visitante que se hizo sacrificio*

1. Mateo 15.29-32 registra la sanidad que hace Jesús de muchas personas y las alabanzas de la gente al «Dios de Israel». Pero Jesús no les predicó; simplemente los ayudó. ¿Qué le enseña esto a usted sobre qué realmente significa compartir a Cristo con un mundo sufriente.

2. Lea lo que dice Lucas sobre este hecho (Lc 8.1-10). ¿En qué difieren las versiones de Mateo y de Lucas? ¿En qué aspectos son similares? ¿Qué revela el relato de Lucas sobre la fe de los discípulos?

3. Lea Juan 3.16; Mateo 1.21; Juan 10.9; Juan 1.29; Apocalipsis 5.12; Hebreos 7.26, 27. ¿En qué manera ha sido usted salvo por un visitante que se hizo sacrificio: Cristo Jesús?

4. Un milagro ocurrido en la vida de Rickenbacker le permitió sobrevivir. ¿Qué milagro ha hecho Dios en su vida o en la vida de alguien a quien usted conoce?

Rickenbacker da cubos de camarones a las gaviotas para mostrar su gratitud. ¿Qué da usted a Dios para decirle «gracias»?

5. Las multitudes estaban maravilladas cuando vieron lo que había hecho Jesús (Mt 15.31). ¿Cómo reacciona usted cuando Dios hace algo especial en su vida? Escriba cuatro cosas por las cuales puede alabar o adorar a Dios el día de hoy.

Capítulo 25 *Santidad en bata de levantarse*

1. ¿Se sorprendió por lo que era el «momento sagrado»? ¿Por qué sí o por qué no?

2. Al leer este capítulo, ¿logró entender mejor la relación que existe entre *honestidad* y *santidad*, la diferencia entre *perfección ganada* y *perfección pagada*? (Véase también, Col 1.22 y 1 Co 1.8.) Explique su respuesta.

3. ¿Está usted listo para echar una mirada honesta al espejo? Si es así, ¿qué es lo que ha estado tratando de hacer para hacerse más presentable ante Dios?

Lea Hebreos 10.14. ¿Cómo lo hace Dios perfecto?

¿Qué efectos tiene su amor y su perfección en cuanto a la manera en que se siente? ¿En la forma en que se relaciona con otros? ¿O cómo se relaciona con Él?

DUODÉCIMA SESIÓN

Capítulo 26 *La elección*

1. Lea Génesis 1.1-26. ¿Cuándo fue la última vez que se fijó en la creación de Dios? ¿Qué es lo que le maravilla más de la creación de Dios? ¿Qué comunica la creación sobre el carácter de Dios? ¿Cómo se siente sabiendo que usted es la creación que coronó toda la obra creadora de Dios?

2. ¿Por qué es tan importante que Dios haya dado a Adán y Eva la oportunidad de decidir? (Véase Gn 2.15-17; 3.1-3.) Si Dios no nos hubiera dado la oportunidad de decidir, ¿cómo se habría visto afectada nuestra relación con Él? ¿Por qué es tan importante nuestra decisión sobre si vamos a amar a Dios o no?

¿Cuáles fueron las consecuencias de la decisión de Adán y Eva? (Véase Gn 3.14-19.)

3. ¿Cuál fue la decisión que tuvo que hacer Jesús para tratar con los pecados de toda la humanidad?

4. ¿A qué decisión se está refiriendo el autor cuando escribe: «Ahora la decisión es suya»?

Capítulo 27 *Sorprendido con sus pantalones abajo, pero su cabeza arriba*

1. ¿Cómo cree que la gente lo recordará? ¿Cómo una persona que se tiró de cabeza en la vida y quizás cometió algunos errores memorable? ¿Cómo una persona que animaba a otros desde las orillas del campo de juego? ¿Cómo una persona poco entusiasta que prefiere seguir el partido por radio? ¡Sea sincero!

2. Lea Jeremías 29.11; Mateo 14.30-31; Juan 14.12; Romanos 10.11. ¿Qué efecto deberían tener las promesas de Dios sobre los que tenemos miedo de arriesgarnos?

3. ¿Ha pagado alguna vez el precio por «alcanzar la primera base»? Si la respuesta es afirmativa, escriba la experiencia. (Si está integrado a un grupo, compártala con sus compañeros.)

¿Lo haría de nuevo? ¿Por qué sí o por qué no? ¿Cómo la opinión que una persona tenga de Dios determina el tipo de riesgo que puede tomar?

4. Haga una lista de héroes valerosos, de esos que no tienen miedo de ir adelante cuando hay algo importante que conquistar. ¿Cómo estos héroes lo inspiran a «entrar en el juego»?

Capítulo 28 *Limonada y gracia*

1. ¿Le recuerda la historia de la limonada de un tiempo en su vida cuando la gracia de Dios pasó por alto sus pobres logros? Si es así, describa lo que ocurrió.

2. ¿Cómo nos responde Dios, aun cuando Él sabe que lo que le ofrecemos puede transformarse en una mezcla pegajosa? (Véase Ro 8.32, 35; Ef 2.4, 5; He 4.16.)

3. ¿Podría ocurrir, como escribe el autor, «que un Amable Extraño pudiera traer gracia a su calle ... a su vida»? ¿En qué manera?